Karl Jansen

Heilsame Erinnerungen aus der Franzosenzeit

Karl Jansen

Heilsame Erinnerungen aus der Franzosenzeit

ISBN/EAN: 9783744618311

Hergestellt in Europa, USA, Kanada, Australien, Japan

Cover: Foto ©ninafisch / pixelio.de

Weitere Bücher finden Sie auf **www.hansebooks.com**

Heilsame Erinnerungen

aus der

Franzosenzeit.

Von

Professor Dr. phil. H. Jansen.

> Vae victis.« Brennus 390 vor Chr. Geb.
> „Und was für Herren waren" (1806 13)
> „die Franzosen den Völkern, die sie unterwarfen!
> Man muß es gesehen haben, um es zu glauben."
> Nodier Souvenirs de la révolution.
> „Selbst die Frauen würden nicht verschont
> werden." Gramont 1870 nach Chr. Geb.

Kiel.
Verlag von H. Eckardt.
1893.

Das deutsche Volk bietet augenblicklich der Welt ein schwer verständliches Schauspiel: mit tiefer Sorge sieht der Freund des Vaterlandes die Feinde des Reiches in schlecht verhehlter Schadenfreude schwelgen.

Noch immer hat sich die deutsche Nation aus den Stricken des Romanismus nicht so weit losgerungen, daß es ein wahrhaft nationales Leben frei entwickeln könnte. Ein führendes Mitglied der ultramontanen Partei verkündet unumwunden, was längst jeder Kundige wußte, daß Rom vor Deutschland,*) der Papst vor dem Kaiser kommt, daß das deutsche Reich zu Grunde gehen möge, wenn nur die römische Kirche bestehe. Ein bairischer Fanatiker, an der Spitze eines weit verbreiteten und hoch hinauf reichenden Blattes, bangt vor dem Siege seiner Nation in dem erwarteten Entscheidungskampfe; denn der Sieg Preußens sei der Untergang Baierns. Selbst die an den Fingern zu zählenden Mitglieder des Centrums, welche der Verstärkung des Heeres nicht widerstrebten, scheinen doch nicht alle entschlossen, jetzt nach der Auflösung den Kampf weiter zu führen und es auf die Spaltung der Partei ankommen zu lassen. Dem rechten Katholiken steht folgerichtig das römische Interesse höher als das deutsche. Die katholisch-deutsche Gewissenhaftigkeit ist stark genug, um, wenn die römischen Interessen gewahrt bleiben, den Untergang des Vaterlandes zu tragen.

Auch der herrschenden Richtung des deutschen Freisinns hat sich im Kampfe mit den Feudalen der Blick verdunkelt gegen die

---

*) Den Gruß laßt erschallen
Zum ewigen Rom,
Zum Herzen, das uns allen
Schlägt in St. Peters Dom.
Lied der katholischen Studenten.

Forderungen des Vaterlandes: wer sagen kann wie Virchow, zum Vertheidigungskriege wären wir stark genug, Angriffskriege zu führen brauchten wir nicht! — muß schon ein sehr getrübtes Auge haben. Um frei sein zu können, bedarf das Vaterland vor allen Dingen des Daseins. Wer wollte verkennen, daß die Rechte durch die schroffe Hervorkehrung der Standes-Interessen, durch ihre Abneigung, an der Beseitigung der Rechtlosigkeit des gemeinen Soldaten mitzuwirken, zur Mißstimmung gegen das Heer erheblich beigetragen hat? Die Hinnahme der zweijährigen Dienstzeit wird sie doch nicht als ein Opfer angerechnet haben wollen?

Und nun die Elsässer! Wo anders als in Deutschland wäre ein Verhalten denkbar wie das ihre? Daß auch hier noch immer Rom und Paris das letzte Wort sprechen, darüber ist eine Täuschung nicht möglich; daß die Söhne Deutschlands der deutschen Mutter ins Gesicht schlagen, bleibt eine Schande für sie selbst und ein starker Beweis für die tiefen, unausrottbaren Schwächen der deutschen Art.

Endlich, wer sollte es geglaubt haben, unter allen diesen „Reichsfeinden" der Gründer des deutschen Reiches, der einst so grimmige Verfolger der Reichsfeinde selbst! Wenn er gesagt hat, was die Zeitungen melden, die Heer-Verstärkung und -Verjüngung wäre nicht nothwendig, so bleibt das freilich ein nichtiges, wird aber, gesprochen von einem solchen Manne, ein nahezu frevelhaftes Wort; erklärlich allein durch die Gewalt des Hasses, die dem grollenden Achillens eigen ist. Bismarck Arm in Arm mit den Ultramontanen, Elsässern, Radicalen, Socialdemokraten — fürwahr, man muß es gestehen, ein denkwürdiges Schauspiel!

Kann aber nun einmal niemand sagen, ob die äußerste Anstrengung unserer Kräfte überflüssig sein werde oder nicht, so ist es ein Gebot der allereinfachsten Klugheit, das ganze volle Maß unserer Kräfte daran zu setzen. Sollten wir dennoch unterliegen, so haben wir den einzigen Trost, der dann übrig bleibt: gethan zu haben, was wir vermochten. Unterliegen wir, ohne das Aeußerste aufgeboten zu haben, so verbittern wir das Unheil mit dem Gefühl der eigenen Schuld und Schande.

Wie aber, wenn die Wahrscheinlichkeit des Unterliegens größer wäre, als die des Siegens?

Die Gefahr beruht zunächst in unserer örtlichen Lage. Mitten in Europa, ohne natürlich schützende Grenzen, sind wir nach allen Seiten hin von Feinden umgeben. Auch der Däne kann uns gefährlich werden; denn selbst, wenn er nicht wollte, er würde müssen. Im Süden lauert das Vaticanum, das erst befriedigt sein wird mit dem Sturze des evangelischen Kaiserreichs. Im Westen und Osten in straff geschlossener Einheit stehen die beiden mächtigen Völker, die sich durch Errichtung der deutschen Einheit gefährdet, in ihren Lebensbedingungen beeinträchtigt, in ihrem Rechte gekränkt fühlen, ihrer ganzen Art und Natur nach geborne, durch wirkliche oder vermeinte Niederlagen erbitterte, schlechterdings unversöhnliche Erb- und Erz-Feinde. Keiner Nation der Welt ist eine so prüfende Lage zugewiesen.

Dazu kommt die Ueberlegenheit unserer Feinde an Zahl. Die beiden für den Waffenkampf in Betracht kommenden Mächte verfügen über eine Einwohnerschaft von rund 140 Millionen, wir über 50 Millionen. An Volkszahl sind sie uns nahezu dreifach, an bewaffneter Macht mindestens doppelt überlegen. Diese Streitkräfte treten mit völlig gesichertem Rücken, zum Theil auch gesicherten Flanken in den Kampf, wir haben Front nach zwei, ja nach drei Seiten zu machen.

Aber wir stehen ja nicht allein, hält man uns entgegen, wir haben ja den Dreibund! Gewiß; aber auf wie lange? Des haben wir keine Bürgschaft. Und gesetzt, wir behielten ihn, so lange wie die Gefahr dauert, der Werth des östreichischen und des italienischen Beistandes ist nicht so groß, als Name und Zahlen ihn erscheinen lassen. Der Zusammenhalt des östreichischen Heeres ist durch den Stammeskrieg im Inneren ebenso gelockert wie der des Staates und seiner Politik, die obendrein durch financielle Schwierigkeiten gelähmt ist. Das italienische Heer hat den Erweis seiner Ebenbürtigkeit mit dem französischen und russischen noch erst zu bringen. Daß es ihm gelänge, über die Seealpen in Frankreich einzudringen, ja überhaupt aus der lombardischen Ebene herauszukommen, halte ich für zweifelhaft; daß die Franzosen, im Besitz der Alpenkämme, die Lombardei überschwemmten, für möglich. Die 500 000 Mann, um welche Frankreich uns überlegen ist, genügen völlig, um Italien in Schach zu halten. Und selbst abgesehen von dem innern Werth der Heere, ist der Zweibund dem Dreibund um 250 000 M. überlegen! Endlich ist ein Bund in demselben Maße ohnmächtiger, je mehr Mitglieder er hat; zwei Bundesgenossen, auf getrennten Schauplätzen selbstständig vorgehend, mit einem und demselben heiß erstrebten Ziel vor Augen, bilden fast eine Einheit.

Die Gefahr erhöht sich durch die Verschiedenartigkeit des Einsatzes. Rußland und Frankreich wagen allenfalls einen Theil ihres Wohlstandes, schlimmsten Falls ein Stück Grenzgebiets daran: Deutschland setzt sein Dasein aufs Spiel!

Vor einiger Zeit rief ein russisches Blatt: der soll noch erst geboren werden, der uns etwas zu nehmen vermöchte. Dies Wort ist unbestreitbar, wenn man hinzudenkt, was selbstverständlich ist: und das Genommene zu behaupten. Gesetzt aber selbst, wir vermöchten ein Stück Polen, die Ostseeprovinzen mit ihrer lettisch-esthisch-finnischen Bevölkerung und einigen Tausenden deutscher Colonisten zu nehmen, könnten wir es wünschen? Oder ist es gerathen, ein erneutes Königreich Polen ins Auge zu fassen? Das hieße den Teufel austreiben durch Beelzebub.

Ebenso steht es mit Frankreich. Was sollten wir Frankreich abnehmen mit der Aussicht es zu behaupten und zu germanisiren? Etwa die Fläminger im Norden, deren Hauptstadt, das alte Ryssel, längst zu Lille und zu einem Hauptsitze des französischen Chauvinismus geworden ist? Das wäre schon deshalb nicht möglich, weil es die Einverleibung von Belgien und Holland zur Voraussetzung hätte.

Umgekehrt dagegen, uns könnten Russen wie Franzosen eine stattliche Zahl von Geviertmeilen nicht bloß nehmen, sondern auch ohne Schwierigkeit mit sich verschmelzen. West- und Ostpreußen hat Rußland lange begehrt und gefordert, im siebenjährigen, ja selbst als Bundesgenosse Preußens im Befreiungskriege theilweise in Besitz genommen; einem gebrochenen Dreibund gegenüber könnte es sie ohne Schwierigkeit behaupten. Leise panslavistische Sympathien sind seit Jahrzehnten bis in die Lausitz, in den Spreewald geweckt. Die Czechen vollends brennen vor Begier, sich den Brüdern von der Knute in die Arme zu stürzen.

Und nun gar Frankreich! Wie leicht würde sich das von der Welschsucht so tief angefressene Rheinland der großen Nation wieder zu Füßen werfen! Jubelnd würden die schwarzen Sendlinge Roms ihre Heerden der ältesten Tochter der Kirche zuführen. In Baden, in Baiern, ja in dem steifnackigen Schwabenlande würden Tausende und aber Tausende aufathmen, vom „Preuß" erlöst zu sein. Wie viele „Mußpreußen" würden in Hessen, Nassau und Hannover der alten Herrschaft zujubeln! Nicht in den Herzogthümern. Aber sollte Dänemark sich nicht von seinen hochherzigen Beschützern dazu bringen lassen, „Südjütland," Holstein und Lauenburg wieder anzunehmen?

„Der Appell an die Furcht findet keinen Wiederhall in deutschen Herzen" — das Bismarck'sche Wort — hat man mir entgegen gerufen. Ein Bismarck darf ohne Bedenken so sprechen. Und doch hat dieser selbe Bismarck bei ähnlicher Gelegenheit die Aussicht des in dem nächsten Kampfe Unterliegenden mit einem freilich fremden, aber, man kann nicht leugnen, treffenden und vielsagenden Worte ausgedrückt: er würde Blut lassen müssen bis zum Weißwerden.

Möge doch niemand den Wahn hegen, die eitle und in ihrer Eigenliebe tödtlich verwundete Nation werde sich mit der Wiedereroberung von Elsaß-Lothringen begnügen! Das linke Rheinufer ist das allermindeste, was „Gott ihr schuldet." Aber des mögen wir sicher sein: siegen sie, so werden sie ganze Arbeit machen. Denn sie wären dumm, wenn sie es nicht thäten, und dumm sind sie einmal nicht. Daß der Marsch nach Berlin kein Spaziergang, der Krieg mit dem deutschen Volke kein Spiel ist, das haben sie empfunden. Ueber 20 Jahre haben sie ihren Rachedurst unterdrückt, haben gerüstet bis an das letzte Maß ihrer Kräfte: um so mehr haben sie alle ihre Gedanken darauf gerichtet, loszuschlagen erst dann, wenn sie des Erfolges sicher sind; dann aber auch mit allem Nachdruck, mit dem vollen Schwunge ihrer erregbaren Natur, mit der ganzen Gewalt lange zurückgehaltener, endlich entfesselter Leidenschaft, dann einmal für alle Mal. Täuschen wir uns nicht: die französische Nation kann nicht leben, wenn sie nicht die erste ist; um aber die erste zu sein, muß das deutsche Reich zu Grunde gehen. Beachtenswerth ist die ganz kürzlich dem französischen Regierungsblatte entschlüpfte Versicherung: das Dasein des deutschen Reiches bleibe außer Frage. Woher diese Versicherung, wenn sie nicht einem erhobenen Zweifel, einer verschämt laut gewordenen Forderung begegnen sollte? Es galt und es gilt in Paris, alles zu vermeiden, was dem deutschen Volke Besorgniß einflößen und die Rüstung als dringlich erscheinen lassen könnte. Sich entschuldigen heißt sich beschuldigen, ist ein französisches Sprichwort.

Und solchen Gefahren gegenüber kann man noch den Grund anführen, die Regierungsforderung koste zu viel, der deutsche Steuer=zahler könne das nicht tragen, Deutschland könne so seine andern Cultur=Aufgaben nicht erfüllen?

Alle Gelder, welche die Heeresreform kosten würde, bedeuten doch nur einen Umsatz, eine Versetzung aus der einen deutschen Tasche in die andere; was immer für Gehalt und Löhnung, Pension und Invaliden=Versicherung, Waffen und Uniformen, Schießbedarf und Verpflegung, Casernen und Uebungsplätze ausgegeben wird, alles bleibt im Lande, kommt dem angeblich so darnieder liegenden Gewerbsleben zu Gute. Nimmt aber der Franzose als billige Ver=geltung 15 Milliarden und der Russe ebenfalls 15 Milliarden *) mit über die Grenze, wenn er sie nach 10—20 Jahren einmal wieder verläßt — von der Beute der Einzelnen garnicht zu reden —, so kann Deutschland sicher sein, von diesen 30 und einigen Milliarden keinen Nickel wieder zu sehen.

Das gegenwärtige Geschlecht hat keine Vorstellung mehr von dem, was ein feindlicher Ueberfall bedeutet. Drei Kriege hat es erlebt, in denen kein Feind den Fuß auf deutschen Boden gesetzt hat, es sei denn als Gefangener. Wer hat uns versprochen, daß uns eine so seltene, so unausdenkbar große Gnade noch einmal wieder beschieden ist?

Aber alles zu thun, daß es so bleibe, unsererseits, das, sollte man denken, wäre die Aufgabe, über die alle einverstanden sein müßten. Und doch ist es als ein Vorwurf ausgesprochen worden, Caprivi wolle nur das Aufgebot, den Uebergang in den Kriegs=zustand beschleunigen und kenne keine andere Art der Kriegführung als den Angriff; mit anderen Worten, Caprivi wolle das einzige Mittel verwenden, was dem Schwächeren den Widerstand, vielleicht den Sieg ermöglichen, noch einmal wieder den grimmigen Feind von unsern Fluren und unsern Städten, unsern Häusern und Familien fern halten könnte!

I.

Wie viele giebt es denn bei uns, die von der wahren Natur der Franzosen eine auch nur annähernd zutreffende Vorstellung haben? Sie gelten ja für das feinste, gebildetste und liebens=würdigste Volk.

---

*) Die Begründung dieser Schätzung s. u.

Gewiß, es hat große und glänzende Vorzüge und Gaben. Ein rascher pulsirendes, kräftiger wirbelndes, leichter rinnendes Blut als in den Adern der Celten giebt es nicht mehr. Behendigkeit und Anmuth des ganzen äußern Erscheinens und Benehmens, Schwung und Schnelligkeit aller leiblichen und geistigen Bewegungen, Rasch= heit im Denken und Sprechen, im Verstehen und im Wollen, im Begehren und im Handeln zeichnen dieses Volk namentlich vor dem Germanen in hohem Maße aus. Es sprüht von Geist und Leben, von Frohsinn und Muth, von Feuer und Thatlust. Auf dem Ge= biete der Wissenschaft und Kunst hat es die größten Leistungen auf= zuweisen, auf dem Felde der Ehre unvergleichliche Lorbeeren geerntet, dem politischen Fortschritt Bahn gebrochen, um ganz Europa sich große Verdienste erworben.

Und dennoch! Oder vielmehr richtiger, eben deshalb zeigt der französische Nationalcharakter neben und hinter seinen Glanzseiten Schatten von einer Furchtbarkeit und Tiefe, die alles überbietet.

„Nichts ist gutmüthiger," sagt Thiers, „freundlicher als eine Pariser Menge, so lange ihre Zerstörungsleidenschaft nicht geweckt wird; aber der leiseste Zufall weckt sie." Und Toqueville: „Die Franzosen, welche das mildeste und sogar wohlwollendste Volk der Erde sind, so lange sie ruhig in ihrem Naturel bleiben, werden das barbarischste von allen, sobald heftige Leidenschaften sie herausreißen." „Bezaubernd im eignen Lande," schreibt Chateaubriand (Génie du christianisme III, 130), „widerwärtig in der Fremde; einzeln die liebenswürdigsten unter den Menschen, in Masse die unerträg= lichsten von allen. Abwechselnd sanfter, unschuldiger als das Lamm auf der Schlachtbank und unerbittlicher, wilder als der Tiger, wenn er würgt."... „Als man in Paris das Herz der Priester auf Piken herum trug, sang man: „Oh, es ist kein Fest, wenn's Herz nicht dabei ist." (Génie d. chr. IV 272.) Ganz ebenso eine Reihe andrer französischer Auctoritäten selbst. Das Gefährliche ist nun, daß, um sie herauszureißen, das Geschrei des ersten besten Pöbelhaufens genügt. Denn bei der allgemeinen Scheu, etwas zu thun oder zu sagen, was man nicht thut und man nicht sagt (qui ne se fait pas und ne se dit pas), was Anstoß geben, verdächtig oder lächerlich machen könnte, bei dem großen Mangel an sittlichem Muthe ist es in Frankreich trotz alles gesunden Menschenverstandes nicht die Vernunft, die entscheidet, sondern die Leidenschaft, nicht die

Mehrheit, die ihren Willen durchsetzt, sondern die Minderheit. Es ist eine für die „große Nation" beschämende Thatsache, daß sie sich in der Revolution Jahre lang von einer Handvoll von Bösewichtern hat tyrannisiren lassen. Die Greuel der September = Morde sind an letzter Stelle von einem einzigen Ungeheuer, Danton, der Hauptstadt und dem Lande angethan, bloß weil niemand den Muth hatte, den Mund aufzuthun und den Arm zu erheben. „60 Räuber," schreibt Mercier (le nouveau Paris III, 56 V, 102) „bedeckten Frankreich mit Blut und Trauer; 500000 Menschen waren Zeugen ihrer Missethaten und hatten nicht den Muth sich zu widersetzen." „12 gehörig wüthende Narren an der Spitze der Section der Sans = culotten vermögen die übrigen 47 Sectionen" (der Hauptstadt) „in die Flucht zu schlagen." (Polizeibericht Dutards bei Schmidt Pariser Zustände.) — Niemand dachte 1870 an Krieg: da ließ eine bethörte Regierung die Banden der Straße los, und das „Jahr des Schreckens" war da. Das nennt man „tout Paris!"

Von allen Heldengestalten, welche die wunderbare Dichterkraft des griechischen Volkes geschaffen hat, ist weitaus die glänzendste Achill. Aber, wenn durch unverwindbare Verletzung seiner Eigen = liebe und seines Selbstgefühls der unterste und innerste Grund seines Wesens aufgerüttelt wird, da erscheint eine Tigerwuth, eine Rohheit, die Grausen erregt, der nackte Cannibalismus. Genau so gehts den Franzosen. Greuel wie die der Waldenser Verfolgungen, der Religionskriege und Bartholomäusnacht, der Revolution kennt die Geschichte keines andern Volks. Zwei Proben werden genügen, beide dem Buche eines Franzosen — Mercier le nouveau Paris I, 209 u. 212 — entnommen: „. . . Frauen, wahre Furien, ver = mochten" (am 10. August 1792) „die Schweizer braten zu sehen auf der Kohlengluth der Feuersbrunst und betrachteten ihre rauchenden Eingeweide mit trocknem Auge." . . . „Die schamlose Trunkenheit macht das Bett der Königin zum Schauplatz der abscheulichsten Unzucht. . . . Im Boudoir der Königin „sah man Verruchte, die einen sich erbrechen auf den Busen ihrer Buhlerinnen, der gemeinsten Huren, die andern schlafen unter ihrem angehäuften Raube. Eine dritte — dem tableau de Paris desselben Verfassers entnommen — widerstrebt einer Wiedergabe in deutscher Sprache. Die Prinzessin Lamballe wurde das Opfer der Blutgier wegen ihrer Hochherzigkeit — einer Tugend, welcher sich sonst die Franzosen genau mit demselben

Rechte rühmen, wie in Swifts „Beichte der Thiere" die Sau der Eitelkeit —;[*] sie weigerte sich auch Angesichts des Todes, ihrer Herrin und Freundin, der Königin, Haß zu schwören. Mercier erzählt nun . . . l'un de ces monstres lui coupe la partie virginale et s'en fit des moustaches, en présence des spectateurs saisis d'horreur et d'épouvante." —

Aber seitdem sind sie gesitteter geworden! Hören wir ein Blatt von der Bedeutung des Journal des Débats vom 20. August 1870: „Mit Recht hat man sich erregt über einen abscheulichen Act von Wildheit und Rohheit, der sich soeben im Departement der Dordogne abgespielt hat. Ein friedlicher und ehrenhafter Eigenthümer der Gegend" (Herr de Moneys. Indép. Belge vom 27. August) „ist von einer Bande Bauern ergriffen und lebendig verbrannt. Die einen klagten ihn, ohne auch nur einen Schein des Rechtes, an, ein Spion Preußens, die andern, ein Feind des Kaisers zu sein. Mit Schaudern berichten wir diese grausigen Einzelheiten. . . ." Am 18. August wurde ein Seitenstück zu dieser „sauvagerie" im Departement der Vienne nur mit genauer Noth verhindert (Constitutionel vom 25. August). Erinnern wir uns auch, was Gramont durch seinen Souschef, von Ring, einen gebornen Badener, auf das völlig unbegründete Gerücht, Baden sei nicht in der Petersburger Convention, sondern wolle explosive Kugeln verwenden, dem Badenschen Gesandten 1870 Juli 20 androhen ließ: Frankreich werde dasselbe thun, Baden außer dem Völkerrecht stehend erklären, es verwüsten und völlig vernichten, wie Ludwig XV. die Pfalz, selbst die Frauen sollten nicht verschont werden." Die Turkos standen damals an der Grenze. Wer mag die Möglichkeiten ausdenken!

[*] „In Frankreich hat man nicht das Recht unglücklich zu sein," sagte 1870 die flüchtende Kaiserin Eugenie zu ihren Ehrendamen. (D'Hérisson Journal d'un officier d'ordonnance (14).

1887 hatte ein Lucien Ricot in der France „die Kühnheit gehabt, einige in Paris wohnende Deutsche anzugreifen." Diese verklagten ihn, konnten aber keinen Advocaten finden. Die France beglückwünscht das Pariser Barreau „herzlich zu seiner würdigen Haltung." Allg. Zeitung 1887 No. 55.

Am 8. Juni 1892 war in Nancy jenes viel erwähnte Turnfest, zu dem allein die deutschen Studenten die Ehre hatten, nicht eingeladen zu sein. Das hinderte aber den bekannten Vorkämpfer der französischen Jugend, Professor Lavisse, durchaus nicht, seine Festrede über „die Verbrüderung aller Jünger der Wissenschaft" zu halten.

Wie die Franzosen sich in die europäische Geschichte einführen, so sind sie noch heute: die Volksnatur wandelt sich nie.

Das erste Wort, das uns von ihnen überliefert wird, ist ein Wort der Prahlerei; das zweite ein Ausdruck der Gewalt und Rechtsverachtung; das dritte ein Ruf des Sieger-Uebermuths: „Wir sind die erste Nation der Welt an Tapferkeit. Das Recht tragen tragen wir auf der Spitze des Schwerts. Weh den Besiegten.

Denn den tiefsten Grund ihres Wesens bildet das Selbst= bewußtsein und die Selbstsucht.

Am greifbarsten erscheint sie in der Form der Eitelkeit und Ruhmbegier, des unersättlichen Bedürfnisses, gesehen, angestaunt, gepriesen zu werden, der Sorge, dem Vergessen, der Geringschätzung oder gar der Lächerlichkeit zu verfallen. Die „Ehre,“ nicht die Tugend ist dem Franzosen das höchste Gut. Ob er handelt oder leidet, lebt oder stirbt, sein höchstes Ziel, seine größte Wollust ist, zu wissen, daß „die Augen der Welt auf ihn gerichtet sind.“ Kämpft er, so denkt er an das „Kreuz“ (der Ehrenlegion); siegt er, so kann es ihm ja an Ruhm nicht fehlen; unterliegt er, so sind zwar — rief 1870 ein französisches Blatt — die Siege auf der Seite des Feindes, der Ruhm aber auf Seite der Franzosen. Der Sieger von Sedan ist leider nun einmal Moltke; das hindert aber den Franzosen nicht, seinen General Mac Mahon zum glorieux vaincu von Sedan auszurufen. Vollbringt er Großthaten, so versteht sich der Zoll der Bewunderung von selbst. Setzt er die Welt durch Unthaten in Erstaunen, schwelgt er im Blute seiner besten Bürger, zieht er durch frevelhaften Uebermuth ein furchtbares Strafgericht auf sich herab, entehrt er sich durch die Zerstörung der Denkmäler seines eigenen nationalen Lebens und Ruhmes, so tröstet er sich über die Schande mit dem stolzen Bewußtsein, daß keine andere Nation es ihm nachthue. Napoleon und Talleyrand, sehr ver= schiedene Naturen, haben übereinstimmend selbst die Gräuel der französischen Revolution aus der französischen Eitelkeit erklärt. Bignon, der Verherrlicher Napoleons, kann den Sturz seines Helden aus der Reihe der Thatsachen nicht wegbringen; aber einerlei: „Frankreich ist bestimmt, immer zu herrschen, und wenn es das Scepter der Macht verloren hat, so hat es doch das Scepter der öffentlichen Meinung bewahrt.“ Der Sturz der großen Nation in dem „furchtbaren Jahr“ von 1870, die weltbeherrschende Stellung des deutschen Reiches spottete der französischen Kunst des Wortes. Aber jetzt ist das lange verschmerzt. Schon 1890 in einer Wahl= rede vom 4. Januar sieht Freycinet „Europa vor Frankreich in Bewunderung auf den Knieen." Die Association catholique von 1890, die Monatsschrift der katholischen Social=Reformer, schreibt auch dem Herrn Christus eine besondere Vorliebe für Frankreich zu, denn dem habe er das don spécial seines Herzens gegeben. Die Vorsehung, Dank seiner guten Verbindungen weiß das Blatt es ganz genau, sei damit beschäftigt, dem Frankreich des 20. Jahr= hunderts zu einem nie gesehenen Triumph und zu einer unvergleich= lichen Machtstellung zu verhelfen. Auch der Bischof von Chalons findet (September 1891), Europa (!) habe durch glänzende Kund= gebungen Frankreich seine Ehrenstellung in der Völkerfamilie wieder zuerkannt.

Die Selbstsucht erscheint ferner in der Form der Geldgier.

Der Panama=Skandal hat in diese Seite des französischen Nationalcharakters einen besonders tiefen Blick thun lassen. Es sind in öffentlichen Blättern Aeußerungen laut geworden — und das will was sagen — die in der That auf Anwandlungen von einem Gefühl der Beschämung schließen ließen. Wenn nun hier der Franzose den Franzosen geplündert hat, der Reiche oder doch Wohlhabende den bescheidenen Erwerber um seinen mühsam erworbenen Sparpfennig zu bringen nicht erröthet ist, so läßt sich ermessen, mit welchem Be= hagen der Celte im Geldschrank des Fremden, im Wohlstand des Feindes wühlen wird, wenn der Krieg die Gesetze aufhebt und der Haß alle niedrigsten Triebe entfesselt hat. „Sie lieben den Kampf," sagt Rougemont von seinen Landsleuten, „sie sind ein angriffslustiges und eroberndes Volk." Der Krieg ist für den Franzosen ein Raub= zug im Großen. Die Revolution selbst schon, besonders aber ihre Gräuel erklären sich nicht minder aus der Geldgier als aus der Eitelkeit. Schon die vielgefeierte Aufhebung aller Vorrechte und Privilegien des Adels in der Nacht des 4. Aug. 1789 hatte einen starken Beigeschmack von Gewalt gegen das Eigenthum. Dann folgte die Erklärung der Kirchengüter für Staatseigenthum, nach etwa einem halben Jahr, 1790, der Verkauf der Kirchengüter, immer noch mit einem Ersatze durch die Uebernahme der Kosten des Cultus auf die Staatscasse. Bald ging es rascher: die Emigrantengüter wurden eingezogen und verschleudert, die Ausstattung und Kostbarkeiten der

königlichen Schlösser, die Geräthe der Kirchen unter den Hammer
gebracht, die Guillotine als „Prägstock" in Bewegung gesetzt, eine
Zwangsanleihe von einer Milliarde auf die Reichen gelegt, der Weizen,
dann alles Korn und alle Futterkräuter unter das sogenannte Maxi-
mum gestellt, d. h. zur Hälfte geraubt, alle Schiffsbau-Materialien,
alle Handelsschiffe enteignet, kurzum alles Eigenthum und jedes
Leben dem „Staate" für verfallen erklärt. Da aber grade wie beim
Panama-Schwindel das meiste des für das Allgemeine in Anspruch
genommenen Geldes in die Taschen der „Patrioten" floß, blieb die
Ebbe des Staatsschatzes dieselbe. Das baare Geld verkroch sich,
das Papiergeld sank von einem Tage zum andern, bald zu völliger
Werthlosigkeit herab, das Brodkorn, das Fleisch entzog sich dem
Markte, die Theurung, die Noth, endlich der nackte Hunger hielt
seinen Einzug in die Hauptstadt, in die Provinzen, das auf soviel
Glück und Freiheit vertröstete Volk war die Beute eines grenzenlosen
Elends und der härtesten Knechtschaft geworden.

So richtete sich der Blick der Regierenden — und deren waren
Tausende — von selbst je länger desto mehr auf die reichen und
blühenden Länder an den Grenzen, die überdieß das Paradies der
„Aristokraten" und „Pfaffen" waren. Die hungrigen Söhne der
Freiheit wurden nach einander losgelassen gegen die blühenden
Provinzen Belgiens, gegen die deutschen Rheinlande mit ihren wohl-
habenden Städten, gegen das reiche Holland, dann gegen Italien
und die Schweiz, um all' diesen verkommenen Völkern, natürlich
aus wohlbekannter reiner französischer Großmuth die „Freiheit" zu
bringen und das Baare zu holen. Der Revolutions-Zustand, d. h.
diejenige Staatsordnung, „in welcher die Börse des Reichen dem
Armen offen steht", sollte über Europa ausgedehnt werden.

Daß der Krieg gegen Italien 1796 nichts weiter als ein Raub-
zug im Stile des Schinderhannes war, bekennen die Franzosen,
Erckmann-Chatrian, selbst. „Soldaten," rief der junge Corse ihnen
zu, „ihr seid nackt, schlecht genährt; die Regierung schuldet euch viel,
sie kann euch nichts geben... Ich will euch führen in die fruchtbarsten Ebenen der Welt. Reiche Provinzen, große Städte werden
in eurer Gewalt sein; dort werdet ihr Ehre, Ruhm und Reichthum
finden. Soldaten von Italien, sollte es euch an Muth und Standhaftigkeit fehlen?" Und als er so die hungrigen Wölfe losgelassen
hat, da wundert er sich, daß sie thun, wozu er sie auffordert. Seine

Berichte sind voll von den stärksten Ausdrücken über die begangenen Gräuel. „Der Soldat, ohne Brod, überläßt sich Ausschreitungen der Wuth, die erröthen machen, daß man ein Mensch ist. . . ." „Es sind Gräuel begangen, die mich schaudern machen." . . .„Ich bin von Räubern und Plünderern umgeben." . . . Dazwischen folgen die Angaben über die Brandschatzungen, die er, der Räuberhauptmann, Genua, Mailand, Parma, Placentia, Modena, Bologna u. a. auferlegt, über die Gemälde, Statuen, Alterthümer und Merkwürdigkeiten, welche er ihnen abgenommen hat. Dem lombardischen Volke aber versichert er: „Die französische Republik hat zwar Haß den Tyrannen, aber Brüderlichkeit den Völkern geschworen. Dieser Grundsatz . . . ist der des Heeres." (!) Freilich, wenn die siegreichen Franzosen die Völker der Lombardei als Brüder ansehn wollen, dann schulden diese ihnen eine gerechte Erwiederung" und die 20 Millionen, die der östreichischen Lombardei auferlegt sind, „eine schwache Contribution für so reiche Provinzen und für die großen Vortheile, die sie von der Besetzung haben, werden von den Bedürfnissen des Heeres erfordert." Ueberhaupt, „wenn ein Riese und ein Zwerg sich umarmen und dabei das Knochengerüst des Zwerges eingedrückt werden sollte, so ist das nicht die Schuld des Riesen, sondern der mangelhaften Constitution des Zwerges."

Das Directorium ist ganz einverstanden: „Lassen Sie in Italien nichts zurück, was die Verhältnisse fortzuschaffen erlauben und was uns nützen kann." Und dabei war der richtige Franzose ehrlich überzeugt, daß sich Italien diese Ausplünderung zur hohen Ehre anrechnen müsse. „Gönnen wir," so schrieb der Marineminister Truguet an den General Bonaparte, „gönnen wir Italien das stolze Bewußtsein, zu dem Glanze unsrer Marine beigetragen zu haben."

Die Selbstsucht erscheint weiter in der Form der Genußsucht, der Sinnlichkeit und Wollust. Wie der Franzose von dem Rechte des Sinnengenusses denkt, ist bekannt und wird von ihm selbst so wenig verhehlt, daß er die Deutschen entweder bemitleidet oder verlacht. Hillebrand, ein großer Lobredner der Franzosen, meint doch, wenn ein Franzose die Frau seines besten Freundes verführe, so werde er daraus sich nicht allzuviel machen. Der Kammerdiener Napoleons Constant berichtet von einer ansehnlichen Reihe von Ehebrüchen seines Herrn. Dann schreibt er (Mém. IV 210): Als Vater und als Gatte hätte er allen seinen Unterthanen als Vorbild dienen können. „Das sollten wir nicht sein", hörte der Professor Monod, freiwilliger Krankenpfleger 1870, die französischen Soldaten immer wieder sagen, wenn sie sich über das Verhalten der deutschen Krieger gegen die französischen Frauen wunderten. (Deutsche und Franzosen S. 66). Daß darin ein dritter Antrieb zum Kriege liegt, ist klar; denn der Krieg giebt auch dem Unterliegenden die Weiber des überschwemmten Landes preis. Die „70 Revolutionsjahre," urtheilt (1858) ein Mann wie Toqueville, „haben unsre freudige Zuversicht, unsern Muth, unser Selbstvertrauen, unsern Gemeinsinn, sowie wenigstens in der großen Mehrzahl der höheren Klasse, unsere Leidenschaften ertödtet, mit Ausnahme der gemeinsten und selbstsüchtigsten: Eitelkeit und Begehrlichkeit." Das wird wohl ein Zeugniß dafür sein, daß grade diese am tiefsten sitzen.

Mit der Wollust ist die Grausamkeit durch ein geheimnißvolles, aber wohl erklärliches Band verbunden: der Tiger und der Affe, sagt kein geringerer als Voltaire selbst, sind in der französischen Volksart verschmolzen. Wo fände aber dieser Trieb mehr Befriedigung als im Kriege, zumal gegen einen schwächeren oder einen gehaßten Feind, dem es gölte, eine schwere Niederlage schwerer und gründlicher noch heimzuzahlen. Wie viele Wehrlose und Verwundete mögen im letzten Kriege der Niederträchtigkeit der Feinde erlegen sein! In Oueques, erzählt derselbe freiwillige Krankenpfleger, Prof. Monod, in seinem lesenswerthen Buche S. 50, hatten wir Mühe, zwei verwundete Baiern zu schützen, welche die Bevölkerung steinigen wollte. In St. Leonard zog ein Bauer an dem gebrochenen Beine eines Deutschen und hatte die Stirn, mir grinsend zu sagen: Hem, ich mache mir ein Vergnügen daraus, ihm weh zu thun. Bestätigt durch dies Zeugniß eines Franzosen wird die Meinung eines Deutschen (Joh. Maaß, die Drangsale Wittenbergs. Dresden und Leipzig 1814, S. 26) glaubwürdig erscheinen. Bei Erzählung des Niederbrennens der Vororte schreibt er: „Ueberhaupt schienen die französischen Soldaten die Noth, die sie ... verursacht hatten, mit der größten Gleichgültigkeit, ja gar mit Vergnügen anzusehn. Nicht so dachten die Polen, die ihre Theilnahme, ja manche sogar ihren Abscheu über die von den Franzosen verübten Schandthaten laut äußerten."

Fast nach allen Richtungen hin wie grundverschieden von dem gallischen Wesen ist das deutsche!

Aeußeres und Inneres, Erscheinung und Wesen, Form und

— 17 —

Gehalt, Gedanke und That, Glanz und Werth sind die Gegensätze, welche sich in den beiden Völkern gegenüber treten. Dem deutschen Blut fehlt es an Feuer und Kraft. Mag es sein Theil Eisen enthalten; neben dem Eisen finde ich recht viel Blei und einiges Gold: das Blei der Trägheit, das Gold der Treue. Treue und Trägheit sind die tief innerlich verbundenen Pole unseres Wesens. Trägheit nicht im sittlichen, sondern im weiteren, naturwissenschaftlichen Sinne, d. h. Schwere, Schwerfälligkeit Langsamkeit, Unbeholfenheit im Empfinden wie im Denken, im Sprechen wie im Handeln, Scheu und Blödigkeit, Schwäche und Unentschlossenheit bis zum Stumpfsinn und zur Niedertracht. Treue gleichfalls im umfassendsten Sinne, d. h. auf sittlichem Gebiete, Wahrhaftigkeit in That und Rede, Zuverlässigkeit und Beharren, auf dem Gebiete des Denkens Wahrheitsstreben, Forschungstrieb, Wissensdurst. Trägheit und Blödigkeit, Treue und Wahrheit machen uns gleich wirksam zu dem bescheidensten, harmlosesten, vielseitigsten und weitherzigsten aller Völker, gleich geeignet und geneigt, allen Nationalitäten gerecht, ungerecht nur gegen die eigene zu werden, Staatsbürger aus Pflichtgefühl, Weltbürger aus Neigung und Natur, Unterthanen, wie kein Herrscher sie besser wünschen kann, leichte und bequeme Opfer eines glänzenden Eroberes.

Mit welcher tiefen Ehrfurcht und Bewunderung haben schon beim Anbeginn unsrer Geschichte unsre rauhen Vorfahren der Macht und dem Glanze, dem Heer- und Staatswesen der Römer gegenüber gestanden!

Als der kaiserliche Prinz Tiberius in die Elbe eingefahren auf dem linken Ufer, muthmaßlich bei Harburg, sein Lager aufgeschlagen hatte, kam ein Sazen-Häuptling auf seinem Einbaum über den Fluß gerudert, um das römische Wesen in seinem kriegerischen Glanze zu schauen und als er nun „die Götter" gesehen, von denen er früher soviel gehört, erklärte er, einen glücklicheren Tag weder erlebt noch auch nur gewünscht zu haben. Wahnwitz der Jugend sei es, sich gegen die römische Herrschaft aufzulehnen, das ist der Eindruck, den er mit nimmt. Beglückt durch die Gnade eines prinzlichen Händedrucks fährt er zurück, unverwandt den Blick auf das große Schauspiel des römischen Lagers gerichtet.

Dieselben Anschauungen spricht, nach Tacitus, das Haupt der römischen Partei in Deutschland aus, „Flavus," der Bruder des

2

„Befreiers Germaniens," Arminius. Er glaubt den Bruder, den Vor-
fechter „der ererbten Freiheit, der nationalen Götter, des heiligen
Rechts des Vaterlandes", herüberziehen zu können durch den Hin-
weis auf die römische Milde für die Fügsamen, die Unerbittlichkeit
für die „Empörer." Was er rühmt von Gold und Gunst, von
Ehrenketten und Kronen, von der Größe und Unwiderstehlichkeit
des römischen Volkes gemahnt auf das Schlagendste an die zahlreichen
Verehrer des großen „Welterneuerers" Napoleon unter den Deutschen,
die ihre eigene Feigheit und Selbstwegwerfung mit dem schönen
Namen der Einsicht und Ergebung in ein unabwendbares Weltge-
schick zu verschleiern suchten. Die Friesen haben ihren Wahlspruch:
„Lieber todt als Sklav", mehr als einmal auf dem Schlachtfelde
bewährt. Dennoch waren es zwei Friesenhäuptlinge, Verritus und
Malorix, welche im Jahre 58, als sie im römischen Theater Fremdlinge in ausländischer Tracht unter den Senatoren sitzen sahen und
erfuhren, so ehre Rom die Abgeordneten treuer und tapferer Bundesgenossen, sich rühmten: kein Volk übertreffe die Deutschen an Waffen-
tüchtigkeit und Treue und unter den Senatoren Platz nahmen.
War das Löwen- oder Hunde-Art?

Das älteste Erzeugniß deutschen Geistes ist die gothische Bibel-
übersetzung. Wort für Wort, Form für Form giebt sie die griechische
Urschrift wieder. Ist das treu oder ist es sklavisch? Der rasche Uebergang deutscher Stämme zum Christenthum, meist nach dem Vorgang
ihrer Häupter und Fürsten, der neue Uebergang vom Arianismus
zum Katholicismus, die tiefe Ehrfurcht, welche deutsche Fürsten und
Könige vor den höchsten Würdenträgern der katholischen Kirche auf die
Kniee und in den Staub wirft, wie sind sie anders zu erklären,
als aus dem Gemisch von Demuth und Knechtsinn der uns eigen ist?
Dasselbe Verhältniß wiederholt sich zwischen Sachsen und Franken.
Mit urgermanischer Kraft erwehren sie sich bis gegen das Ende des
8. Jahrhunderts der fränkischen Monarchie und der römischen Kirche.
Kein Menschenalter vergeht, so zeigt der Heliand sie als treue Ge-
folgsgenossen des himmlischen Herrn, den der römische Papst als
Statthalter auf Erden zu vertreten vorgiebt. Das ganze so viel und so
mit Unrecht gepriesene „römische Kaiserthum deutscher Nation", was ist
es in Wahrheit jemals anders gewesen als der glänzende Theater-
prunk, mit dem Rom der gutgläubigsten Nation ihre eigene Knechtschaft zu verdecken wußte? Treuere Söhne, so rühmt sie, dummere

Schafe, so unter Umständen hohnlacht sie, als die Deutschen hat die römische Kirche, das christlich verkleidete Cäsarenthum der alten Welt, niemals gehabt.

Erst in der Reformation zerreißt nicht bloß das deutsche Gewissen das dichte Netz römischer Gesetzesknechtschaft, sondern bricht auch das ächte Germanenthum gegen den Romanismus und dessen Fremdherrschaft mit lange niedergehaltener und um so unwiderstehlicherer Kraft hervor. Nicht nur das Christenthum in seiner Urgestalt und Tiefe, auch die Vorbedingungen und Grundlagen für ein deutsches Reich hat uns der thüringische Bergmannssohn zurückgewonnen. In ihm erhebt sich das Wahrheitsbedürfniß, die Treue und der Glaube der deutschen Natur zu nie erreichter Höhe, zu weltgestaltender Kraft.

Der schmalkaldische Bund, der schwedisch-deutschprotestantische Bund, die Vorläufer des Fürstenbundes, des norddeutschen Bundes, des neuen deutsch-evangelischen Kaiserthums, haben doch das Dasein der deutschen Nation gegen den Hispano-Romanismus und sein Werkzeug das habsburgische Haus gerettet. Aber unter welchen Kämpfen, unter wie langen Leiden und Qualen, unter welchen Demüthigungen und Opfern! Denn wandeln ließ sich die germanische Natur nun einmal nicht, die Trägheit blieb wie die Treue. Bald trat die eine, bald die andre, meist zugleich alle beide in ununterscheidbarer Mischung in Wirksamkeit. Noch eine harte Fremdherrschaft war uns verordnet, die napoleonisch-französische.

Soll sie die letzte bleiben? Wir hoffen es. Vielleicht wird sie es leichter, wenn wir nicht vergessen, was sie unsern Vätern an Geld und Gut gekostet, an Jammer und Elend eingebracht, an Schmach und Schande gehäuft hat.

II.

Vor allem wird es heilsam sein, zu gedenken und einzugestehen, daß es eine Zeit gegeben hat, wo Deutschland aufgehört hatte selbst auch nur ein geographischer Begriff zu sein.

Was haben die 78 Schlachten und 870 Gefechte vom Jahre 1870/71, die nahezu ebenso viele Siege Deutschlands waren, anderes eingebracht, als eine kurze Beherrschung desjenigen Theiles von Frankreich, den unsre Kugeln bestrichen und die Ergebung der Haupt-

stadt nach beispiellosem Widerstande anderes, als eine Parade an
den Thoren der Stadt?

Napoleon dagegen hatte schon 1797 das linke Rheinufer gewonnen,
1805 mit zwei Schlägen Oestreich und Süddeutschland in den Staub
gebeugt, 1806 und 1807 mit einem einzigen Schlage den preußischen
Staat danieder geworfen, triumphierend, fast gefeiert und umjubelt,
die deutschen Hauptstädte durchzogen, dem deutschen Namen ein Ende
gemacht, Preußen verstümmelt zu einem Spielball seiner Laune und
Gnade herabgedrückt. Nach neuer Demüthigung Oestreichs hatte
er 1810 das französische Kaiserreich über die Länder der Ems-,
Weser- und Elbemündung bis an die Ostsee ausgedehnt: was an
Rheinbund-Staaten deutscher Nationalität eine Schein-Selbständigkeit
fortführte, war ihm unbedingter unterworfen, als heute die Bundes-
staaten dem deutschen Kaiser; über Preußens Haupte schwebte drohend
jeden Augenblick das Schwert der Vernichtung. Die deutsche Nation
war getilgt aus dem Buche der Lebendigen. Nahezu 20 Jahre
lang hat das deutsche Volk oder doch Theile desselben die Fremdherrschaft ertragen. Ein Intendant und einige Gensdarmen genügten,
um ganze Provinzen im Zaum zu halten.

Wir wollen ebenfalls gedenken und bekennen, daß es aus eigner
Kraft sich nicht wieder befreit hat und wenn auch Preußen trotz der
Feudal-Partei unter der Führung und in dem Geiste seiner deutschen
Adoptiv-Bürger, der Stein und Scharnhorst, der Blücher und Gneisenau die „bohrende Spitze" bildete, einer großen europäischen Coa-
lition hat es bedurft, um Deutschland eine nationale Selbstständigkeit
wieder zu geben.

Was damals geschehen ist, obwohl das russische Reich auf
unsrer Seite stand, sollte das undenkbar genannt werden dürfen
jetzt, wo das russische Volk in uns das Haupthinderniß seiner rohen
Gewalt-Pläne haßt und verabscheut und es nur eines Winkes bedarf,
die beiden wildesten Nationen Europas gegen uns loszulassen?

Was uns dann, selbst im Fall einer nur vorübergehenden Besetzung bevorsteht, können alle, die nicht durch Parteileidenschaft
verblendet sind, aus der Art der Herrschaft abnehmen, die im Anfang
dieses Jahrhunderts über unsere Väter verhängt war. Einer um-
fassenden und systematischen Darstellung bedarf es nicht; es genügt,
einige Züge derselben und der Personen, die sie handhaben, vor-
zuführen. Gewisse Lasten und Leiden werden von jedem feindlichen

Ueberzuge unzertrennlich sein; kein Sieger wird das Verhalten der Besiegten völlig parteilos würdigen; kein Besiegter dem Sieger diejenigen Rechte zugestehen, die dieser nach dem Gesetz der Nothwendigkeit und des Krieges für sich in Anspruch nehmen zu dürfen glaubt. Einerseits aber verlieren die Uebel des Krieges dadurch wenig von ihrer Schwere und Furchtbarkeit, daß sie unvermeidlich sind; andrerseits ist klar, daß die vermeidlichen Wirkungen fremder Herrschaft sich steigern und vervielfältigen müssen, wenn die Sieger Franzosen und die Besiegten Deutsche sind.

Die nächste und fühlbarste Last war die Einquartierung.

Dem jedesmaligen Oberbefehlshaber war natürlich sofort Leben, Ehre und Eigenthum der Einwohner so gut wie bedingungslos preisgegeben. In Lübeck führte sich am 29. November 1806 der Brigadegeneral Buget beim Senate mit den Worten ein: „Ihr begreift wohl, daß der Kaiser mich hierher geschickt hat, um mein Glück zu machen." Der General Lallemand verlangte 1813 vor Ablauf einer Viertelstunde 2 Wegweiser, mit der Drohung, wenn sie nicht kämen, den ganzen Municipalrath binden und knebeln zu wollen. Einem Bürger Ebbe, der vor seiner Hausthür stehend ihn nicht grüßte, schlug er den Hut vom Kopfe, einen andern, Busekist, zwang er, vor ihm zu knieen. Einem Glasermeister, der bei Ankunft des Generals einen Augenblick feierte und auf die barsche Aufforderung, fortzufahren, erst eine Prise Tabak nahm, ließ er 25 Stockprügel aufzählen. Ebenso verfuhren die Civilbeamten. Als die Einwohner des „Arrondissements" Stade dem „Unterpräfecten" David, Sohn des bekannten Bildhauers und Mitgliedes vom Wohlfahrtsausschuß, sich beschwerten, daß bei den unerträglichen Requisitionen ihnen nichts mehr übrig bliebe, schrie er ihnen zu: Dann könnt Ihr Koth fressen (vous mangerez de la boue). Für den Fall des Allarms wurden die strengsten Maßregeln vorgeschrieben: Thüren und Fenster mußten geschlossen, das Haus mit Lebensmitteln auf 3 Tage versorgt, die Straßen außer von Aerzten und Beamten mit rother Cokarde nicht betreten, in der Nacht durch Illumination erhellt werden. Zuwiderhandelnde traf die Todesstrafe.

Wie der Commandant in der Stadt, so schaltete der Einquartierte in dem angewiesenen Hause.

„Angelangt mit oder aufgedrungen ohne Billet," so lautet die Schilderung eines Erfurters, der aus Erfahrung spricht (Luden,

Nemesis 1 u. 2), „sah der Einquartierte jedes Haus als einen Gasthof an, wo Essen und Getränke bereit ständen, wo er von dem Wirthe mit einer Zuvorkommenheit, als wenn der Gast außergewöhnlich bezahlte, empfangen werden müßte. Wie man alsdann den Wirth und die Hausfrau begrüßte, welche Anmerkungen man sich erlaubte, welche Fragen man that, was man verlangte, zum Frühstück, zum Mittagsmahl, zum Nachtisch, zum Abendessen, welche Getränke man forderte, Kaffee (ungeachtet des Krieges gegen Kaffee und Zucker), Thee, Schnaps, Wein, Punsch); wie man den Tag zubrachte mit Singen, Fechten, Pochen, Lärmen, wie man Abends umherschwärmte, des Nachts mannigfaltige Gefahr veranlaßte, beim Abmarsch am nächsten Morgen neue Forderungen machte, wie man Alles, Tische und Stühle, Betten und Geschirr muthwillig und ekelhaft dergestalt besudelte, daß es kaum möglich war, vor der Ankunft neuer Gäste alles zu reinigen, das braucht nicht beschrieben zu werden, weil es leider! wohl in den meisten Gegenden unseres Vaterlandes gleichfalls empfunden worden ist. Aber nur wenige Oerter dürften doch so lange und ununterbrochen diesen Hohn, diesen Muthwillen, diese schändlichen Mißhandlungen, die, wenn Uneinigkeit zwischen Wirth und Gast entstand, gränzenlos wurden, erduldet haben als Erfurt, und darum ist — Gottlob! — wohl selten die Noth so groß, die Zerrüttung in den Familien so fürchterlich, die Angst der Mütter so entsetzlich, der Kummer der Väter so herzzerschneidend, endlich der Jammer und der fressende Ingrimm so allgemein gewesen, als in dieser unglücklichen Stadt. . . . Die Individualität der Personen, die Verschiedenheit ihrer Charaktere und Bedürfnisse, Leidenschaften und Ansprüche, ihrer Begriffe und Bildung veränderte die Art der Plackereien, aber die Sache blieb dieselbe. Officiere, Oberste, Brigadegeneräle, die sich nicht selten einquartierten sammt ihren Frauen, Hunden oder Huren, „glaubten z. B. ihren höheren Rang und ihre feinere Bildung dadurch zu beweisen, daß sie nicht von zinnernen Tellern, nicht mit zweizinkigen Gabeln essen, täglich Servietten und Tischtücher frisch wechseln wollten, daß sie eine kostbare Auswahl der Speisen machten, daß sie für ihre Bedienung eine gleich gute Auswahl der Speisen ververlangten." . . . „Das Gezücht von employés aller Art brachte die Kunst der Mißhandlung zu einem hohen Grade der Vollendung. Es gab 6 Arten von „Regisseurs," ebenso viele „Directoren,"

7 Arten von Magazinwächtern, außerdem Commis adjoints, Attachés à la suite u. s. w. Jeder dieser Plagegeister hatte wieder eine Menge andrer bei und unter sich. Wetteifernd mit den Militärpersonen steigerten sie den Werth ihres Amtes und damit die Größe ihrer Forderungen. Von den Banden einer Disciplin weniger gefesselt, trieben sie noch den sogenannten bürgerlichen Unfug weiter, nisteten sich in Familien ein, machten auf Kosten erwiesener Gunstbezeugungen größere Erpressungen und hielten Tafel gleich den angesehensten Militärpersonen." Ein Herr Lange in Davousts Corps, also einer von jenen Niederträchtigen unserer Nation, die ihren französischen Vorbildern es nach- und zuvor zu thun strebten, „trieb die Unverschämtheit so weit, außer prächtig eingerichteten Zimmern eine Kutsche zu verlangen, die Tag und Nacht vor seiner Thür halten mußte."

Von dem Betrage der gewöhnlichen ordentlichen Unterhaltungskosten giebt die Ausgabe der Stadt Erfurt für den König von Westphalen 1809, und zwar ausschließlich für seine Person, einen genügenden Maßstab: die Stadt bezahlte für ihn in den 3 Tagen vom 15.—18. Juli 1294 Thl. 17 Sgr 5 X, für den General Gratien täglich 300 Thl, für seinen Generalstabs-Chef 100 Thl, für jeden Gemeinen täglich mehr als 1 Thl. In Breslau badete derselbe Jérome sich täglich in einem Fasse Wein. In Glogau erpreßte er zu seinem täglichen Unterhalte 400 Thl. In Stralsund kostete dem Eigenthümer des Hauses Ossenreyer-Straße 4, dem Grafen Wachtmeister, seine Einquartierung von Ende August 1807 bis Mitte September 1808 die Summe von 3151 Thl. 18 Sch. Selbst in dem eng verbündeten und befreundeten Sachsen rechnete man die Verpflegung eines Gemeinen auf 16 gute Groschen, d. h. also 2 ℳ. (L. v. Ompteda Polit. Nachlaß I, 385). Mit den gewöhnlichen Kosten war aber die Einquartierungslast bei weitem nicht erschöpft. Die höheren Befehlshaber gingen ihren Untergebenen in jeder Art gelegentlicher „Industrie" mit echt französischer „Kindlichkeit" voran. Ein verhältnißmäßig ehrlicher Verdienst war es, so bezeichnend er auch ist, daß die Cavallerie zwar das Stroh zur Streu nicht bezahlte, dagegen den Dünger versilberte, den ihre Pferde hinterließen. Die dritte Cuirassier-Division lag vom November 1811 bis März 1812 in Erfurt. In diesen 5—6 Monaten hatten ihre Pferde auf dem bequemen Wege der Ausübung natürlicher Verrichtungen eine Summe

von 4427 Thl 18 Sgr 4 ℔ verdient. Während die Kammer-Com-
mission darüber berieth, ob nur die Bequartierten oder alle Einwohner zu dieser Zahlung heranzuziehen wären, nahmen die Franzosen
das Geld aus der Kasse, die bezahlen konnte, und verkauften obendrein den Dünger, wenn sich Liebhaber fanden.

In dem belagerten Wittenberg ließ der französische Commandant Lapoype unter anderm auch den noch vorhandenen Zucker,
Kasse und Salz mit Beschlag belegen. Das erste brauchte er auf;
das Salz verkaufte er an die nothleidenden Bürger zu 1 Thl 6 Sgr
die Metze!

Ein sehr viel gepflegter Erwerb war der Verkauf der sog.
Sicherheitswachen, welche von Commandirenden, höhern und niedern,
zu 50—60 Thl, auch theurer zu beziehen waren, oft aber nur gegen
die Gewaltthaten andrer, nicht der Sicherheitswächter schützten.

Meist wurde offener, immer aber mit der bekannten französischen „Courtoisie" und liebenswürdigen Unverschämtheit zu Werke
gegangen.

In Stralsund*) wurde schon 8 Tage nach dem Einrücken dem
Rath zu verstehen gegeben, der Gouverneur Thouvenot und der
Platzcommandant Allouis müßten ein Geschenk haben. Der Rath
schickte dem ersten 200, dem andern 100 Lbr. Thouvenot gab es
durch seinen Adjutanten zurück: das sei kein Geschenk für einen
Gouverneur; monatlich 200 Lbr. werde er wohl annehmen. Sie
wurden gezahlt. Nun mußte aber Allouis auch die 100 Lbr. monatlich haben, obwohl er sich schon bei der einmaligen Gabe beruhigt
hatte. Der Marschall Brune glaubte für die Schonung, mit
welcher er die Stadt Stralsund behandelt hatte — sie zählte damals 11—12 000 Einwohner —, Anspruch zu haben auf ein „freiwilliges Geschenk" von mindestens 100 000 Fr. Sein Secretär
nahm für die beim Empfang derselben gehabte Mühe 500 Lbr.
Das silberne Schachspiel, welches Brune aus der städtischen Kunst-
sammlung „entliehen" hatte, gerieth beim Abmarsch mit unter sein
Gepäck. 2 Gewehre aus derselben Sammlung erbat sich später
Molitor „zum Andenken"! Wenn Tafelgelder bezahlt wurden —
Thouvenot erhielt monatlich 300, Allouis 60 Lbr. —, pflegten
die Herren mit dem Wirthe, um möglichst viel zu erübrigen, zu

---

*) O. Francke, Aus Stralsunds Franzosenzeit. Stralsund 1870.

accordiren, bezahlten auch wohl anfangs pünktlich, dann zögernder, und waren erst mehrere Monate aufgehäuft, so kürzten sie, endlich, um es noch kürzer zu machen, zahlten sie garnicht mehr und gingen davon. Die Tafelgelder für den in Pommern commandirenden General Molitor, Brunes Nachfolger, hatte der Marschall Soult, um allzu großer Ausbeutung Schranken zu setzen, 1808 Jan. 10 auf 8000 Fr. monatlich festgestellt, für den Befehlshaber von Rügen auf 400) Fr., für den von Stralsund auf 3000, für den Inten-danten der Provinz auf 1800, für jeden Brigadegeneral auf 1500 und so abwärts. — Dabei muß man wissen, daß zeitweilig in Stralsund einige 20 Divisions- und Brigadegenerale lagen. — Das gab in der That anfangs eine Erleichterung. Die Freude dauerte aber kurz. Der Oberbefehlshaber ging den Seinen mit bestem Beispiel voran. Er hatte schon gleich nach Neujahr ein freiwilliges Geschenk von 1000 Lbr., von der Landschaft ein gleiches von 3000 Lbr. erpreßt. Jetzt äußerte er gegen die Ueberbringer nicht etwa bloß seinen Dank, sondern in den freundlichsten Aus-drücken seine Hoffnung, die Stadt werde mit ihm in der Besorgung der Tafel eine Ausnahme machen und es beim Alten lassen, d. h. auch ihren Antheil an den 8000 Fr. Tafelgeldern des Landes zahlen! — Begreiflich machten die Untergebenen es nicht anders: sie steckten die Tafelgelder ein und erklärten, nichts dagegen zu haben, wenn ihnen die Stadt auch ferner die Tafel herrichten wolle. Der Platzcommandant Legros erklärte gar, er könne mit den Tafel-geldern nicht auskommen; er müßte täglich 1 Lbr. Zulage haben; sie wüßten doch, wie viel der Platzcommandant nützen und schaden könnte! Den Namenstag des Kaisers feierte Molitor durch einen glänzenden Ball. Einige Tage darauf legte er dem Rath dafür eine Rechnung vor von 770 Th. In Ausbach veranlaßte der Marschall Bernadotte 1806, daß am Napoleonstage jedem Soldaten eine Flasche Wein verabfolgt werde, zu deren Vergütung er sich ver-bindlich machte. Als die berechneten 12000 Gulden ausblieben und die Ausbachische Verwaltung um Berichtigung der eingereichten Rechnung ersuchte, stellte es sich heraus, daß der Commissaire Ordonnateur Michaud die betreffende Summe bereits längst zur Auszahlung überkommen hatte. (H. Lang Memoiren II, 75.) Daß Gratien von dem ehrlichen dänischen General Ewald, einem geborenen Hessen, sich bestimmen ließ, das eingenommene Stralfund mit einer Plünderung zu verschonen, glaubte er durch ein angeschirrtes edles Sechsgespann von Wagenpferden sich bezahlen lassen zu müssen.

Besonders bezeichnend ist folgende, gleichfalls aus den städtischen Urkunden vom Bürgermeister Francke entnommene Geschichte. Der Generalstabschef Rostollant entdeckte, daß seine beiden Adjutanten, Lavirotte und Badini, seinen Namen zu einem richtgen Gaunerstreich mißbraucht hatten. Sie hatten nämlich ihre Kenntniß von dem baldigen Abmarsch eines Regiments dazu benutzt, um denselben durch eine Mittelsperson, einen Capitän von Gödeke, dem Rathe als eine von ihrem guten Willen abhängige Wohlthat bezeichnen zu lassen, die für 1000 Louisdor an Rostollant, je 100 für sie beide und 25 für die Mittelsperson zu haben sei. Auch die 1000 für Rostollant sollten in 10 tägigen Fristen von 100 an die beiden Adjutanten gezahlt werden. Als das Regiment bereits ausgerückt und 400 Louisdor abbezahlt waren, kam Rostollant hinter den Handel. Nun, hätte ein dummer Deutscher gedacht, würde Rostollant die Schuldigen zur Rückzahlung gezwungen und obendrein bestraft haben. Das wäre wenig französisch gewesen. Rostollant nahm ihnen freilich ganz entrüstet ihre Beute ab, steckte sie aber, ermuthigt durch das unwürdige Entgegenkommen des Raths, in die eigene Tasche!

Eine gute Vorstellung von der Durchschnittsart der französischen Officiere geben die sehr sachlichen und genauen Aufzeichnungen des Lübecker Senators Peter Wilken, die mir in einem handschriftlichen Auszuge des Professors E. Deecke vorgelegen haben. „...Ihm folgte Major Chatterat mit 3 Dienern und 6 Pferden, ein großer, schöner und starker Mann von etwa 40 Jahren, anständig und artig. Zu Mittag aß er bei La Maison. Abends hatte er jedoch gewöhnlich 6—8 Officiere bei sich, die er auf meine Kosten bewirthete, wodurch meine Frau, die dies oft erst ziemlich spät erfuhr, in große Verlegenheit kam." . . . Dann „kam der Oberstlieutenant von Besser mit 4 Dienern und 6 Pferden, aus dem Elsaß, sehr bescheiden und ganz deutsch. . . . Seine Leute waren durchaus unverschämt; einmal verlangten sie sogar eine Hasenpastete und Champagner, mußten sich aber mit Kalbsbraten und Rothwein begnügen"(!) . . . Capitän Binder vom 17. Regiment mit seinem Diener Jolibert, beide aus dem Mainzischen. Jener, etwa 50 Jahre alt, war grob und ungezogen, fast jeden Abend besoffen . . . renommirte viel und benahm sich zudringlich gegen meine Frau, obwohl diese 58 Jahre alt war." . . . Am 11. December 1807 kam „Capitän Dubourg mit seinem Diener Boyez, beide aus der Bretagne. Der Officier, von altem Adel, hatte ein schönes Aeußere und konnte sich fein und artig betragen . . . doch taugten seine Sitten keineswegs; er war Verschwender, Spieler und Wüstling." (Man beachte die französische Sprechweise!) „Die Speisen wollte er immer anders zubereitet wissen und unterrichtete die Köchin darin. Dann hatte er so große Speisegesellschaften, daß er in einem Abend ohne den Punsch 40 Flaschen Wein verbrauchte, was ich indeß nur einmal zugab." (!) „Manche seiner Freunde blieben bis zum Morgen bei ihm. Auch der Diener war regelmäßig betrunken. Diese Wirthschaft dauerte bis zum 5. März 1808." . . . „Am 19. März kam Capitain Keßler vom holländischen 7. Infanterie-Regiment, wild und unruhig . . . trieb sich den ganzen Tag umher und kam selten vor 2—3 Uhr nach Hause." . . . „Am 11. April kam Capitän Einmal vom 6. holländischen Infanterie-Regiment, mit einer galanten Krankheit behaftet." . . . „Den 28. Juni 1809 kam Mr. Alleyron, Chirurgien-Sous-aide, von sich sehr eingenommen und unverschämt in seinen Forderungen, dabei höchst pover, so daß er von uns alles, sogar die Instandsetzung seiner Wäsche forderte." . . . „Am 13. Juli 1810 zog Capitän Barrel ein, aus Aix, klein und rund, sehr verliebter Natur, daß nicht einmal meine 50jährige Köchin zu ihm ins Zimmer gehen mochte. Danach ließ er Huren auf sein Zimmer kommen. Da mehrere derselben kein Geld bekommen hatten, mußte er, um ihrer los zu werden, sie mit einem Theil seiner Wäsche befriedigen.". . . „1812, 12. August, kamen 2 Officiere mit ihren Dienern und 2 Gemeinen, Leutnant (?) Jarrain, 40 Jahre alt, und Hasebom aus Amsterdam, 18 Jahre alt. Beide waren sehr verliebter Natur und ließen kein Mädchen ungeschoren; der ältere dazu roh und ungebildet."

Indeß soll nicht verschwiegen werden, daß es auch an Ausnahmen, anständigen und ordentlichen Leuten nicht ganz fehlte. Das Ergebniß aber der hier aus Tausenden ähnlicher Fälle kurz zusammengestellten Schilderung möge mit den Worten eines Zeitgenossen und Mitleidenden ausgesprochen werden, des Lübecker Oberappellationsgerichtsrath Hach in (Mittheilungen aus dem Leben des . . .

S. 44): „Sie ist vorüber, jene Zeit der Sünde, da der Auswurf
der französischen Nation uns auf jede nur erdenkliche Weise plündern
durfte; aber sie legte den Keim zu dem bittersten Hasse, der in
keinem Busen erlöschen kann, dessen Seufzer in dieser Zeit um
Rache zum Himmel flehten. Vergebens würde ich versuchen, nur
eine Ahnung von den teuflischen Kunstgriffen, wodurch die Militärs
und Civilisten sich Bestechung, große Tafelgelder oder unter andern
Namen große Einkünfte zu verschaffen suchten, zu geben. Man
muß jene von der größten Immoralität bezeichneten Tage selbst
erlebt haben, um diesen Grad der Verdorbenheit und den dadurch
entstandenen Verlust für die öffentlichen und Privatinteressen begreifen zu können."

Vernichtend oft mit einem Schlage für den Wohlstand von
Einzelnen waren die bei der geringsten Veranlassung auferlegten
Brandschatzungen und Requisitionen, angekündigt meist in
den wohlbekannten Wendungen der französischen Sprache, deren
äußerliche Höflichkeit mit dem herben Inhalt einen um so empörenderen,
fast höhnenden Gegensatz bildete. „Alle Kriegsforderungen*) hießen
Invitationen, Einladungen. Ich lade Sie ein, meine Herren",
schrieb der General Dutailles an die Stadt Erfurt, „mir in 24 Stunden
400,000 fr. abzuliefern; wenn nicht, werde ich die Stadt verbrennen.
Ich habe die Ehre, Sie mit tiefer Achtung zu grüßen." „Einladungen" hießen auch die Bekanntmachungen der Platzcommandanten
an den Einquartierungs-Ausschuß, die Forderungen der Einquartierten
an die Bequartierten." Im Juni 1813 ward die wieder eingenommene
Stadt Lübek mit einer Strafsteuer von 6 Mill. F. belegt, deren
Vertheilung auf die Einzelnen nur zur Hälfte nach Kopfzahl geschehen
durfte; die andere Hälfte wurde in Beiträgen von 5000—45000 F.
auf die Uebelgesinnten geworfen. Wer nicht zahlte, dem ward durch
Straf-Einquartierung, die sogenannten garnisaires, sein Haus zur
Hölle gemacht. Dafür mußte der Hauswirth nicht bloß Wohnung
und Beköstigung liefern, sondern auch noch täglich 2 F. zahlen. Es

---

*) Luden Nemesis. — „Das leichte, gefällige, anscheinend so harmlose
Wesen der Franzosen bestach die guten Stralsunder, vornehm wie gering, unge-
mein. Man konnte es sich nicht denken, daß die so offen und zugleich so zier-
lich ausgesprochenen Achtungs- und Freundschaftsversicherungen eine bloße glatte
und glänzende Tünche seien, unter welcher aller mögliche Schmutz sich verbarg.
Bald sollten den Leuten die Augen auf- und übergehn." (Francke a. a. O. 42).

läßt sich begreifen, wenn der Advocat Ramm in dem Augenblick als eine solche Bande sein Haus betrat, durch einen Sturz aus dem Fenster dem unerträglichen Zustande ein Ende machte. Der Weinhändler Vermehren und der Krämer Reimpell, welche thätlichen Widerstand geleistet hatten, wurden nur durch eine ärztliche Bescheinigung ihres Wahnsinns der Hand des Henkers entrissen. In gleicher Veranlassung ward Hamburg eine Buße von 44 Mill. auferlegt; die Senatoren, befahl Napoleon in seiner Instruction vom 13. Mai an Davoust, sollten vor ein Kriegsgericht gestellt, die 5 Schuldigsten erschossen, die andern nach Frankreich ins Gefängniß geschickt, ihr Vermögen eingezogen, die Stadt entwaffnet, alle Officiere der hanseatischen Legion erschossen, die Gemeinen auf die Galeeren gebracht werden.

Pferde und Fuhrwerke wurden weit über das Bedürfniß, selbst von gänzlich Unberechtigten gefordert und beigetrieben, oft zu Lustfahrten und Jagden verwendet oder auch gegen hohe Gebühren entlassen. Abgejagt, ausgehungert, meist der Erschöpfung nahe pflegten Roß und Mann zurückzukommen. Oft kehrten sie nie wieder. Auch Menschenkräfte wurden nach und über Bedürfniß requiriert, ohne Vergütung oder Bespeisung, ohne Gestattung von Stellvertretern, sobald sie schlecht gesinnt waren, zuweilen fern von ihrer Heimath vom frühen Morgen bis in die Nacht zu Schanzarbeiten verwendet. 1813 mußte Lübek 560 Arbeiter nach Hamburg liefern; am 10. Juli wurden sie von den Policei-Schergen ganz nach Willkühr aufgegriffen, Knaben bis zu 17 Jahren darunter. In Hamburg geriethen sie durch Anstrengung und Entbehrung in das äußerste Elend, so daß einige, um nicht Hungers zu sterben, den Tod im Wasser suchten.

Gegenstand der Requisitionen wurden natürlich im weitesten Umfange Sachen aller Art, die irgend nur den verschiedenen Anforderungen des Kriegs zu dienen geeignet waren: Getreide und Fleisch, Branntwein und Bier, Heu und Stroh, Holz und Eisen, Tuche und Leder, auch Dinge, deren Nutzen oder Verwendung zu kriegerischen Zwecken kaum erfindlich ist. In Erfurt wurden in den 5 Tagen vom 26.—31. Oct. 1813 verlangt: 20000 Ellen Tuch, 15 große Taue von vorgeschriebener Länge und Dicke, 2000 Klafter Stricke, 1200 Bohlen, 1000 Bretter, 2000 ℔ Nägel, 6000 Klafter Balken, 150 Centner Oel, 200000 Liter Bier, 1500 ℔ Tabak, 10000 Stück Pfeifen, 1000 Liter Weinessig, 8000 ℔ Lichter,

18000 ℔ Seife, 70000 ℔ Salz, 8 Centner Oliven=Oel, 600 Stück Sohlen=Häute, 200 Centner Charpie, 6000 Stämme Holz, 6000 ℔ Schmiede=Eisen, 20000 ℔ Steinkohlen, dazu die nöthigen Hand= werker und Handlanger, endlich noch 300 ℔ Honig, 10 Centner Zucker, 2000 Citronen, 400 ℔ Zwetschen.

Wurde von einem Lande Besitz genommen, so war die erste Sorge der eingesetzten Regierungsbehörde, herauszubringen, was an Gebäuden und Grundstücken, Waldungen und Gewässern, Nutzungen und Einnahmen Domäne sei. Da ein bestimmter Begriff dieses Wortes nicht festgestellt war, so blieb die Möglichkeit, nicht bloß das Eigenthum des Landesherrn oder des Landes, sondern auch das der Provinz, der Gemeinden, der Körperschaften unter diesem Namen zu befassen und in Besitz zu nehmen. Einmal aufgenommen in die verhängnißvolle Liste konnte es nur vom Kaiser selbst wieder getilgt werden. So konnte es geschehen, daß man in Erfurt auch das Eigenthum der Stadt als Domänen einzog, z. T. die Wall= kasernen und Thürme, welche die Gemeinde zur Abwendung der Einquartierung in den Häusern gebaut hatte, zwei eingegangene Kirchen, St. Matthäi und St. Johannis, auch die beiden Haupt= kirchen, welche am 18. April 1811 öffentlich zum Verkauf ausgeboten wurden; denn wenigstens der Grund und Boden sei Domäne. In= deß wurde doch für eine Bestechung von 4000 Thl. vom Verkaufe abgestanden. Auf solche Weise gelang es 1807 in dem kleinen Fürstenthume Fulda, freilich einem säcularisierten Stift, Domänen im Betrage von 9450000 Gulden zu entdecken und in Besitz zu nehmen. In Hannover wurde die Liste der Domänen auf einen Betrag von 16 Mill. F. jährlicher Einnahme gebracht. Der Kaiser geruhte aus dieser Summe 73 Dotationen im Betrage von 10000 bis 140000 F. für seine Marschälle, Generäle, Minister und Se= natoren zu bestimmen.

Erfolgte die Einverleibung in das Kaiserreich, so wurde auch die französische Besteuerung und Aushebung eingeführt.

Die Steuern waren mehr noch als durch ihren Betrag durch die Art ihrer Erhebung eine drückende Last. Directe waren die Grund=, Personen=, Mobilien=, Thür= und Fenster=Steuern. Unter den indirecten gaben besonders die sogenannten „vereinigten Gefälle" (droits réunis) zu endlosen Quälereien Anlaß. Die „Regie" oder Verwaltungsbehörde derselben hatte zunächst das Recht des alleinigen

Verkaufs von Blätter-Tabak; sodann erhob sie Gebühren von ge-
brautem und geschenktem Bier, destilliertem und verkauftem Branntwein, von Wein und Branntwein selbst wenn sie nur in der Stadt
den Ort wechselten, für die Herstellung und den Vertrieb von Spiel-
karten, für öffentliche Fuhrwerke und Miethkutschen. Ein beständiges
Aufpassen und Spähen, Verdächtigen und Angeben, Untersuchen und
Beitreiben war die nothwendige Folge. Dazu kamen die Abgaben
für Einregistrierung, Stempel, Hypotheken, die mit noch mehr Gewinnsucht als Rauhheit und Härte beigetriebenen Ein- und Ausgangs-
Zölle, welche den ganzen Grenzgürtel, die sogenannte Lisière, zu einem
beständigen Kriegs-Schauplatz für Zöllner und Schmuggler, zu einer
wahren Hölle für die Bewohner machte, endlich die Lotterie, die
in einer Zeit steigender Verarmung namentlich in den unteren Kreisen
der Bevölkerung furchtbare ökonomische und sittliche Verheerungen
anrichten mußte.

Dienstpflichtig, wenn nicht das Loos sie befreite, waren alle
Männer von 24—36 Jahren, die 5 Fuß maßen. Stellvertreter
waren gestattet, kosteten aber 1811 sieben bis acht hundert, 1812
fünfzehn bis zwanzig hundert Thaler. Fortgeschleppt nach Frankreich, in die Gluth-Ebenen Spaniens oder die Schneefelder Rußlands
gingen die Ausgehobenen meist einem sicheren Tode entgegen. Ein
trauriges Schauspiel war der Abschied auf den Sammelplätzen.
Väter, Mütter, Geschwister, Bräute oder Frauen umringten die
Scheidenden, hingen an ihnen, noch leise mit ihnen redend und in
Thränen zerfließend. Wer sie trösten wollte, pflegte die Antwort
zu kriegen: es ist noch keiner wiedergekommen. In München ist
ein Denkmal errichtet den 30000 Baiern, die aus Rußland nicht zurückgekehrt sind; eine Inschrift versichert: Auch sie starben für das
Vaterland! Daran waren wohl Zweifel laut geworden. War man
doch in Frankreich selbst zu der Ueberzeugung gelangt, daß auch
das französische Blut in Strömen nicht für das Vaterland, sondern
für die Selbstsucht Napoleons vergossen wurde. Die Schilderung
Chateaubriands (Mémoires VI, 98) muß auch auf die deutschen
Bestandtheile des Kaiserreichs, ermäßigt auch auf die Rheinbund-
Staaten bezogen werden. „Der Zug des Tages“ schreibt er 1839, ist,
die Siege Bonapartes zu verherrlichen. Die Kranken sind ver-
schwunden; man hört nicht mehr die Flüche, die Schmerzens-Schreie
der Opfer; man sieht nicht mehr das erschöpfte Frankreich seinen

Boden bauen mit Frauen; man sieht nicht mehr die Eltern verhaftet als Geißeln für ihre Söhne, die Einwohner der Dörfer alle mit einander getroffen von den Strafen, die dem Ausreißer gelten, man sieht nicht mehr die Anschläge der Aushebung an den Mauern der Straßenecken, die Vorbeigehenden angesammelt vor diesen endlosen Todesurtheilen und mit pochendem Herzen die Namen ihrer Kinder, ihrer Brüder, ihrer Freunde, ihrer Nachbarn suchend." Der Hamburger Korrespondent vom Frühling des Jahres 1813 ist angefüllt mit Aufrufen von Vätern, Vormündern und „bekümmerten Müttern" an die Söhne oder Mündel unbekannten Aufenthalts, zurückzukommen und sich zur Conscription zu stellen, um sie nicht den „unangenehmen Folgen" des Ungehorsams auszusetzen. Aehnlich andre Zeitungen.

Traten dringende Fälle ein, so war niemand sicher davor, weggeschleppt zu werden. Aus dem lübekschen Dorfe Schlutup wurden, weil es an seetüchtiger Bemannung der Schiffe fehlte, 50 zum Theil hochbejahrte Fischer ihren Familien entrissen und auf verschiedene Häfen des Reichs vertheilt. 1811 fand sogar eine Aushebung von Knaben für die dem kaiserlichen Prinzen zu errichtende Pupillen-Garde auch auf deutschem Boden statt.

Es konnte wohl nicht anders sein, als daß auch einmal das sonst so träge Blut der Deutschen in Wallung gerieth und mehr und mehr die Gemüther einer dumpfen Erbitterung verfielen, welche die Machthaber mit wachsender Sorge erfüllte und zu unnachlassender und unerbittlicher Ueberwachung antrieb. Das nur zum kleineren Theile sichtbare, zumeist im Verborgenen arbeitende Heer von Policei-Spähern, Angebern und Schergen, zusammengesetzt aus den verworfensten Persönlichkeiten aller Nationen, besonders der deutschen, von der Hauptstadt aus durch den Meister dieser wahrhaft schwarzen Kunst, Fouché, einheitlich geleitet, war über alle Theile des weiten Machtgebietes verbreitet.

Die Noth der Zeit und die Niederträchtigkeit so mancher Deutschen wirkten zusammen, um der französischen Polizei-Verwaltung die nöthigen Werkzeuge in mehr als genügender Anzahl zuzuführen. Oft wiesen selbst sie den feilen Diensteifer der Deutschen mit Verachtung zurück. „Als nach dem Abzug der Franzosen die Liste der geheimen Agenten der Polizei bekannt wurde," schreibt Klug, (Geschichte Lübecks während der Vereinigung mit dem französischen Kaiserreiche), „erstaunte man, darin Männer aufgeführt zu finden, von denen man sich schon ihrer bürgerlichen Stellung wegen solcher Schurkereien gegen ihre Mitbürger nicht versehen hätte." Der Polizei-Commissar Raspe, von den Franzosen selbst als verachtet und als verächtlich bezeichnet, durfte dennoch mit vollendeter Willkühr verfahren. Nach seinem eigenen Geständniß griff er, als 50 der unruhigsten Köpfe nach Hamburg geschleppt werden sollten, 32 lediglich nach seinem Belieben, zum Theil nach den Eingebungen seines persönlichen Rachegefühles auf der Straße, vor ihren Häusern, in ihren Betten auf. In Kassel gehörte zu den gemeinsten Werkzeugen der Polizei ein gewisser Kroschky. Mitglied einer Gaunerbande und als solcher verhaftet, hatte er durch seine Dirne Gnade bei Savagner, dem General-Secretär des Directors der Polizei Beragny und Verwendung gefunden. Neuer Verbrechen angeklagt ward er endlich überführt, ein Bürgermädchen durch Drohungen und teuflische List umgarnt zu haben, so daß sie nur durch ein Wunder der Standhaftigkeit gerettet war. Er ward in der That zur Gefängnißstrafe verurtheilt. Nicht lange, so sahen die Kasseler Kroschky wieder frei einhergehen und seines Amtes walten.

Keine öffentliche, keine Privat-Gesellschaft, über die sich nicht die unsichtbaren Fäden des Spähernetzes gezogen hätten. Auch in das Heiligthum der Familien reichten die Augen oder Ohren der geheimen Polizei; sie wußte Dienstboten gegen ihre Herren, erwachsene Söhne gegen ihre Väter zu verwenden, ja die unmündigen Kleinen zu ahnungslosen Verräthern der Eltern zu machen. Kein Brief war sicher, uneröffnet an seinen rechten Empfänger zu gelangen. Theater und Zeitungen, Flugschriften und Bücher, zumal religiösen und politischen Inhalts wurden auf das genaueste überwacht. „Ich will Preßfreiheit in meinen Staaten" hatte Napoleon gerühmt, „aber ich will wissen, was für Gedanken in den Köpfen umgehn." Denn jede Gewaltherrschaft will nicht nur Gehorsam und Unterwerfung; sie verlangt Zustimmung, Lobpreisung, Bewunderung, sie will nicht bloß die Leiber, sie will auch die Geister, die Gedanken sich unterwerfen. Ein Theaterstück von allen Worten und Wendungen frei zu halten, die eine bedenkliche Anspielung bieten und möglicher Weise einen Sturm des Beifalls entfesseln konnten, war nahezu unmöglich. In Weimar mußte der Staatsminister selbst Jahre lang Goethe zur Seite stehen, der sich nicht im Stande fühlte, die Verantwortlichkeit für eine unverfängliche Gestaltung der Aufführungen

— 34 —

zu tragen. Wörter wie Tyrann, Unterdrückung, Knechtschaft u. a. durften nicht vorkommen. Maria Stuart wurde von Davoust allein deshalb verboten, weil es in England spiele, ihm also wohl gegen das Continental=System zu verstoßen schien. Ein Kehrreim: „Und alles erbeutet der Bube", führte zu einer Untersuchung. In den Freunden von Recht und Wahrheit, Freiheit und Vaterland, den „Ideologen" erkannte der Gewaltige die gefährlichsten Feinde und Gegner seines Systems, welches er mit voller Ueberzeugung für das des guten Genius hielt und ausgab.*) Wie gern hätte er den fruchtbarsten Zeichner des Cäsarismus, Tacitus, mit seinem Ingrimm erreicht! Ein Buch wie das der Frau von Staël=Holstein über Deutschland, das auch diesem geknechteten und verachteten Volke einige Gerechtigkeit widerfahren ließ, nannte er, bezeichnend genug, „nicht französisch."**)

Zeitungen durften außerhalb Paris in jedem Departement nur eine erscheinen, die auch keine andere Aufgabe hatte, als die von oben ausgegebenen Losungsworte den Kleinstädtern und der Land= bevölkerung zu wiederholen. Für jedes Buch bedurfte es vorher einer Erlaubniß des Druckes aus Paris, die aber Drucker und Ver= leger dennoch für den Inhalt der Verantwortlichkeit keineswegs überhob. Ein auswärts erschienenes Buch brauchte zum Eintritt in das Reich einer Erlaubniß aus Paris und eines Stempels an der Grenze.

Wenn aber so auch alles aufgeboten wurde, die „gute Gesinnung" zu erzeugen, so konnte es doch nicht fehlen, daß nicht auch die

---

*) Toutefois, nous devons le dire, notre coeur est péniblement affecté de cette prépondérance constante qu'obtient en Europe le génie du mal, occupé sans cesse à traverser les desseins que nous formons pour la tranquil- lité de l'Europe, le repos et le bonheur de la génération présente... Message au Senat. Bamberg 7. Oct. 1806.

**) Professor Monod hatte einen Händler mit Mode=Neuheiten auf seinen Wagen genommen; der erzählte ihm, Bourbaki wäre in Berlin. „Ach was!" — „Gewiß ja, mit Garibaldi; in Deutschland ist ein großes Gebirge: Bourbaki hat Garibaldi rechts geschickt, er selbst ist links gegangen, hat im Vorbeigehen Metz und Straßburg entsetzt, ist über Maubeuge in Deutschland eingedrungen und am anderen Ende des Gebirges haben die beiden Armeen sich in Berlin vereinigt." — „Mein lieber Herr! Bourbaki hat sich erst vor kaum einem Monat in Bewegung gesetzt, und wenn er Belfort entsetzt hat..." — „Sie sind kein Franzose!" rief er empört.

deutsche Geduld einmal riß, daß nicht hin und wieder einmal die
„schlechte Gesinnung" in Worten oder Werken hervortrat. In solchen
Fällen rühmte sich Napoleon seit lange „schnell zu sein wie der
Blitz." Als er 1804 den Herzog von Enghien auf badischem Ge-
biet ergreifen und nach Vincennes schleppen ließ, stellte er ihn freilich vor ein Kriegsgericht; aber als das Verhör des Arglosen begann,
war das Blanket des Urtheils schon unterzeichnet und neben der
Grube, welche die Leiche des Unglücklichen aufnehmen sollte, brannte
bereits in den Gräben der Festung die Laterne, welche der Erschießung
zu leuchten bestimmt war. Als 1806 der Buchhändler Palm noch
in Braunau auf seine Begnadigung mit Zuversicht hoffte, war schon
sein Urtheil in Paris gesprochen. Ehe ein Gnadengesuch von dem
kaiserlichen Schwiegervater ihm in die Quere kommen könnte, hatte
Napoleon die Hinrichtung Hofers auf den Wällen von Mantua
in Paris verfügt. Der Befehl war rechtzeitig an Ort und Stelle
gelangt und wurde ausgeführt. Rasch und unerbittlich arbeitete
die kaiserliche Gerechtigkeitspflege; unbedenklichen, unweigerlichen und
unverweilten Gehorsam verlangte sie von ihren Werkzeugen. Dem
mecklenburgischen Minister von Bassewitz wurde auf seine Einrede
bedeutet: „Sehen sie dort den Baum? Wenn der Kaiser gebietet,
Sie daran zu hängen, so baumeln Sie in der Minute." „Betrachten
Sie den Willen des Kaisers als das Fatum", sagte Daru zu dem
Minister Stein, „man muß sich ihm unterwerfen." Als 1813
der Weimarsche Minister Fr. von Müller sich bei Ney in Erfurt für das bedrohte Leben des Regierungsrathes von Voigt und
des Kammerherrn von Spiegel verwendete, von denen ein chiffrirter
Brief bei den Vorposten aufgefangen war, entgegnete ihm dieser
„ganz wie aus Bronze gegossene Mann": „ich bin nur ein Atom
vor dem großen Mann; ich bin wie ein geladenes Gewehr, der
Kaiser befiehlt und der Schuß geht los." Als am 6. Juli 1813
in Lübeck auf dem Markte eine Musterung stattfand, fühlte der
Platzcommandant Abadie sich von der zuschauenden Menge beengt
und stieß den nächsten, Gärtner Green, mit Heftigkeit zurück. Der
entschuldigte sich mit dem Gedränge von hinten und wurde verhaftet.
Schlachtermeister Prahl gab darüber seinen Unwillen kund, und
da Abadie den Degen erhob, fiel er ihm in unwillkührlicher Selbst-
vertheidigung in den Arm. Er wurde mit 2 andern gleichfalls
festgenommen, am 7. Juli vor ein Kriegsgericht gestellt und nach

einem Gesetze aus der Revolutionszeit vom 13. Brumaire des Jahres V, einem kaiserlichen Decret vom 17. Messidor XII und einem kaiserlichen Befehl an den Kriegsminister vom 26. Januar 1813 zum Tode verurtheilt. Um Mittag war er eine Leiche.*) „Das war das Gesetz"! Das war französische Gerechtigkeitspflege.

Unter solcher Gewaltherrschaft mußte sich je länger, desto mehr und desto tiefer über Deutschland dasselbe Elend lagern, das seit dem Schrecken auf Frankreich gelastet hatte. Und wie um auch jede Möglichkeit abzuschneiden, der äußerlichen Verarmung und zugleich dem sittlichen Verderben zu wehren, hatte Napoleon in ohnmächtiger und sinnloser Wuth gegen das so wüthend gehaßte, aber selbst dem Gewaltigen unantastbare Großbritannien das sogenannte Continental-System erdacht, ein Mittel, wie er wähnte, den Handel jenes unbesiegbaren „Krämer"-Volkes zu vernichten. Durch eine lange Reihe von Decreten, von denen das folgende immer schärfer war, als das vorhergehende, hatte er von 1806 an jeden Absatz englischer Erzeugnisse oder Colonial-Produkte nach dem Festlande zu verhindern gesucht. Nicht bloß die ihm unmittelbar oder mittelbar unterworfenen Länder, auch Skandinavien, Preußen, bis zu einem gewissen Grade zeitweilig selbst Rußland hatten sich den harten Maßregeln dieser Festlands-Sperre gefügt. Die Einführung der gewöhnlichsten und durch Gewöhnung fast nothwendig gewordenen Lebensbedürfnisse, wie Baumwollen-Waaren und Kleidungsstoffe, Zucker, Kaffe, Thee u. s. w., waren entweder ganz verboten oder nur gegen einen unerschwinglichen Zoll gestattet, jeder briefliche und persönliche Verkehr mit der verhaßten Nation untersagt, Zuwiderhandlungen unterlagen der härtesten Ahndung. Der Preis der verpönten Waaren stieg ins Unglaubliche, 1 ℔ Kaffee kostete zwischen 1 und 2 Th: der Schmuggel erwuchs zu dem gewinnbringendsten Geschäfte. So entstand an der ganzen weit ausgedehnten Küstenlinie Europas ein nie endender Kriegszustand zwischen den mit wüthendstem Hasse verfolgten Douanen und der gesammten Bevölkerung, insonderheit den gewerbsmäßigen Schmuggler-Banden und ihren Hehlern, in dem alle Waffen der List wie der Gewalt rücksichtslose Verwendung fanden und ein Wettbewerb der Lüge und List, der Bestechung und des Betruges, der Gewinnsucht und Unredlichkeit sich entwickelte, der

---

*) Die Stätte ist noch heute durch einen Gedenkstein bezeichnet.

die Wächter wie die Gegner des Gesetzes mit gleich erschreckender Schnelle entsittlichen mußte. Wenn die französische Regierung und nach ihrem Beispiel auch die preußische (Boyen Erinnerungen II, 93) durch die sogenannten Licenzen sich thatsächlich das Recht zusprachen, zu schmuggeln und zum Behuf der Bereicherung die eignen Gesetze zu umgehen, wie konnte man sich wundern, wenn die gequälten Donanen auch ihrerseits jede Gelegenheit wahrnahmen, gegen ausreichende Bestechung mit den Schmugglern gemeinsame Sache zu machen. Weiter griffen die unheilvollen Wirkungen, welche diese Unterdrückung des Handels und Verkehrs auf den Wohlstand aller Seestädte des Festlandes und die Gewerbthätigkeit der ganzen Bevölkerung haben mußte.

Den ganzen Umfang des Elends festzustellen, auch nur den materiellen Schaden, ganz abgesehen von dem moralischen, ist völlig unmöglich. Eine Reihe zweifelsfreier Thatsachen muß und kann auch vollständig genügen, um einen Blick in den Abgrund des Verderbens zu eröffnen, das ein feindlicher Ueberzug von Seiten eines französischen Heeres mit sich führt, und um einen recht schlagenden Vergleich anzustellen mit den Kosten, welche die Verstärkung und Verjüngung unseres Heeres verursachen würde.

Wittenberg hatte im Jahre 1812 602 Häuser und 7000 Einwohner. Nachdem es die Belagerung von 1813/14 ausgehalten, waren 4727 Menschen in 365 Häusern übrig. Innerhalb eines Jahres hatte es 1 063 822 Mann französische Einquartierung gehabt. Die Sterblichkeit hatte das vierfache der gewöhnlichen betragen. Von den 1209 Stück Rindvieh und 320 Pferden der nächstgelegenen 12 Dörfer blieben 240 und 77 übrig. 150000 Frucht= und Nutzbäume waren zerstört.

Danzig war am 26. Mai 1807 in französische Hände gefallen und in Folge des Tilsiter Friedens ein „Freistaat" geworden, der aber unter der Herrschaft des von Natur menschlichen, durch seine Stellung und Lage zur unerbittlichen Härte gezwungenen General Rapp, eines Elsässers, d. h. unter französischer Militair=Dictatur verblieb. Das Elend erreichte hier durch die hartnäckige Vertheidigung Rapps gegen die Verbündeten 1813/14 einen unerhörten Grad. Die 6 Jahre dieser Freiheit (genauer: vom 28. Mai 1807 bis Ende März 1813) bezahlte die Stadt mit einem Kostenaufwand von 40 773 706 fl. 28 gr.; ungerechnet alle Schäden der

Privaten. In dem Titel der „Geheimen Ausgaben" nahmen die „freiwilligen Geschenke" den ersten Platz ein. Der Gouverneur Rapp erhielt zu verschiedenen Zeiten 1 500 000, Marschall Lefevre 400 000, Soult 91 000, der Intendant Chopin 42 000, der Commandant Menard 40 000, die große Menge sonstiger Obersten, Adjutanten u. a. an baarem Gelde, Dosen, Pferden u. s. w. 810 333 zusammen 2 890 333 Gulden.*)

Zu den am härtesten heimgesuchten Städten gehört Erfurt. Völlig entfesselt brach nach der Leipziger Niederlage hier die Wuth der Besiegten und die Zerstörungslust, die im französischen Character liegt,**) gegen Stadt und Umgegend los. Den Dörfern wurde ein förm= licher Krieg gemacht. „Die Einwohner flüchteten sich in Klüfte oder ferne Dörfer. Die Plünderung in dem einen Dorfe Ilversgehofen betrug 45 000 Thl und von dem Geplünderten ist die Hälfte ver= derbt worden. In Hochheim wurde die Kirche erbrochen und der Altar auf eine Art entweiht, die nicht beschrieben werden kann. Die Verunreinigungen eines Hofes beschönigt die Noth — aber die Kirche und den Altar und die geistlichen Ornate unter dem Hofe herabzuwürdigen, dazu fehlt es in der Geschichte an einem Beispiel und in der Sprache an einem Ausdruck zur Bezeichnung des Frevels. (Luden Nemesis) . . ." Ilversgehofen und Daberstedt wurden, angeblich aus militärischen Gründen eingeäschert. Die Einwohner des einen wurden bei einbrechender Nacht, die des andern am frühen Morgen überfallen. Nichts konnte gerettet werden und dem verscheuchten Einwohner wurde selbst die eigene Rettung gefährlich. Der Kranke auf dem Siechbette durfte nicht weggeschafft, dem Sterbenden nicht geholfen werden. Im wilden Jubel, mit lärmender Musik, zogen die Mordbrenner, gedrängt durch die herbeieilenden Preußen, vom Freudenfeuer zurück, befriedigt für ihre Absicht, verfolgt von dem Jammergeschrei der Unglücklichen, reifer für die Nemesis."

Das Fürstenthum Erfurt hatte im October 1813 noch 46 400 Einwohner, im Januar 1814 nur noch 41 000; Wohnhäuser 1813

---

*) Näheres bei A. F. Blech, Geschichte der 7 jährigen Leiden Danzigs von 1807—14. Danzig 1815, 2 Bde.

**) La femme et la casse erkennt selbst Hillebrand als die vorherrschenden Schwachheiten seiner Freunde an.

im October 10351; im Januar 1814 waren 645 abgerissen oder verbrannt, 335 von ihren Eigenthümern verlassen. Der Bestand an Pferden ging von 1811 bis Januar 1814 von 2352 auf 992, an Rindern von 9080 auf 6100, an Schafen von 36581 auf 23120 zurück; in ähnlichem Verhältniß die Feldfrüchte und die bestellten Aecker.

Das Königreich Sachsen berechnete die Kosten seines Bündnisses mit Frankreich in den Jahren 1806—13 auf 81561865 Thl 23 Sgr 2 ₰.

Was Hamburg in den Jahren der französischen Besetzung (1806—10) und Herrschaft (1810—14) mittelbar in seinem Wohlstande gelitten hat, entzieht sich jeder Berechnung. Die nachweisbaren Unkosten und Ausgaben werden auf 140 Mill. Mark Banco berechnet. Der Marschall Davoust hat zwar sein ganzes Verfahren gegen die unglückliche Stadt, die Wegnahme der Bank, die Austreibung von gegen 30000 der ärmeren Einwohnern, welche die nöthigen Vorräthe nicht beschaffen konnten, die Verbrennung der Vororte und die Zerstörung aller Gärten in einer eigenen Schrift zu vertheidigen gesucht, auch deutsche Uebergerechtigkeit hat ihn entschuldigt. Die Art der Ausführung, mitten in der Winterkälte, mit unerbittlicher Rücksichtslosigkeit und Ueberstürzung, mit grober Parteilichkeit, die wahrhaft entsetzlichen Wirkungen der Maßregel und das Massenelend der Ausgestoßenen in Altona und Umgegend wird dennoch ewig zum Himmel schreien.

Aehnlich zerrüttet in ihrem Wohlstand wie in ihrer Sitte erscheint die Schwesterstadt Lübeck. In den Jahren 1806—12 gab es 200 Bankerotte; 300 Häuser mußten gerichtlich verkauft werden; 200 waren von ihren Eigenthümern aufgegeben und standen leer. „Diebstähle, wilde Ehen, Kinderaussetzungen mehrten sich. Frivolität, eheliche Zwiste und Gemeinheiten fanden in nicht wenigen Häusern durch die Militärpersonen Eingang; selbst in manchen höher gestellten Familien fehlte es nicht an Beispielen von Unehre und Schande." (Klug, Gesch. Lübecks.)

Preußen, 1806 durch den einen Schlag des 14. Oktober völlig zu Boden gestreckt, hat die französische „Großmuth" und Grausamkeit in einem Maße empfunden, wie kaum je ein anderer, von einem fremden Sieger überzogener Staat.

Beim Anfange des Krieges waren kaum 100000 Fr. in der Napoleonischen Kriegskasse; am Ende der ersten Occupation im

Herbst 1808, nachdem Preußen 200000 Franzosen unterhalten, bekleidet und ausgerüstet hatte, enthielt sie 474 Millionen Francs! Napoleon selbst hat im März 1809 gestanden: „Ich habe eine Milliarde aus Preußen gezogen." Selbst diese bleibt unter der Wahrheit zurück. Max Duncker (Aus der Zeit Friedrichs des Großen und Friedrich Wilhelm III) hat durch eine umfassende und genaue Untersuchung festgestellt, daß sich die nachweisbaren un= mittelbaren Brandschatzungen Frankreichs in Geld oder Geldeswerth während des Krieges von 1806 u. 7 auf 1020299494 Francs 11 Cent. belaufen. Selbst nach der zu hohen Schätzung Napoleons übersteigt dieser Betrag dreizehn Brutto=Jahreseinkommen des damaligen Preußens. Die 5 Milliarden, auf welche 1871 Bismarck thörigt genug war, seine ursprüngliche Forderung zu ermäßigen, bildeten noch nicht drei Brutto = Einkommen des dermaligen Frankreichs!

Hatte aber Napoleon schon 1809 eine Milliarde aus Preußen gezogen, so hat er bis 1813 mindestens eine zweite Milliarde dazu erpreßt, das 26 fache Jahreseinkommen des Staats. Dazu kommen die Millionen, welche in die Taschen der Generale, Officiere, Soldaten, Intendanten, Ordonnateure, Inspekteure, Employés aller Art geflossen sind. Sollte es zu hoch gegriffen sein, wenn wir meinten, in einem unglücklichen Kriege auf eine Brandschatzung von mindestens 15 Milliarden gefaßt sein zu müssen, jetzt wo das ganze französische Volk von einem Haß und Rachedurst brennt, den es zur Zeit unserer Väter nicht kannte?

Kann noch ein Zweifel sein, was billiger ist, die Abwehr mit Aufbietung auch der alleräußersten Kräfte oder der feindliche Ueberzug?

III.

Was aber sind alle Opfer an Geld und Gut gegen die Schrecken und Scheußlichkeiten, deren sich die französische Armee 1806 bei der Einnahme der Stadt Lübeck gegen Wehrlose fähig gezeigt hat? Der nachstehende, wenig bekannte Bericht eines Franzosen[*)]

[*)] 1807 in Amsterdam französisch und deutsch erschienen unter dem Titel Lettre à Madame la Comtesse F .... de B .... Aus dem zuerst nur als Handschrift gedruckten Original sind einige Oertlichkeiten (localités) weggelassen.

über die Unthaten seiner Landsleute trägt, obwohl in tiefer menschlicher
Erregung und von einem Emigranten geschrieben, schon in sich selbst
alle Kennzeichen rücksichtsloser Wahrhaftigkeit, die ihm überdies
durch den Zweck seines Schreibens, der Stadt eine Entschädigung
auszuwirken, zur unerläßlichen Pflicht gemacht war. Es wird immer
die beredteste Schilderung eines unerhörten Geschickes bleiben und
hat vollen Anspruch darauf, vom deutschen Volke nicht übersehen
und vergessen zu werden. Ebenso auch sein Verfasser, der Artillerie-
Hauptmann Karl von Villers.

Geboren 1765 zu Bolchen in Lothringen war er beim
Ausbruche der französischen Revolution Lieutenant in der Artillerie,
ward Hauptmann und Adjutant seines Freundes, des maréchal
de camp Puysegur. Als der wegen bloßen Briefwechsels
mit seinen ausgewanderten Brüdern gefangen gesetzt ward, flüchtete
auch Villers, diente im Emigranten-Heere unter Condé,
kehrte noch einmal in seine Heimath zurück, aber nur, um aufs
neue nach Holland und Deutschland auszuwandern. 1797 im Begriffe, nach Rußland zu seinem Bruder zu gehen, ließ er sich in
Lübeck im Hause des Senators Rodde und seiner hochgebildeten
Gattin, einer Tochter des berühmten Schlözer, denen er empfohlen
war, zu bleibendem Aufenthalte daselbst bestimmen. Im Verkehr
mit den bedeutendsten Gelehrten Deutschlands und Frankreichs hat
er sich hier um die Verbreitung und Anerkennung deutscher Literatur
und deutschen Geistes in Frankreich, insbesondere aber durch thätige
Verwendung für seine zweite Vaterstadt Lübeck bei verschiedenen An-
lässen, am meisten 1806, die größten Verdienste erworben. Als
Augenzeuge und Mithandelnder hat er an die Gräfin Fanny de
Beauharnais, eine Schwägerin der Kaiserin Josephine und
Tante der Königin von Holland, die nach einem anstößigen Lebens-
wandel zur Ehrbarkeit zurückgekehrt und am kaiserlichen Hofe nicht
ohne Einfluß war, über die Vorgänge der Novembertage folgenden
Bericht verfaßt, der mehr noch als sein Name und seine Heimath
darauf zu deuten scheint, daß deutsches Blut in seinen Adern floß.

Nach einer für seine Leserin nöthigen Einleitung über Lübecks
Geschichte und dermalige Stellung zu den kriegführenden Parteien,
in der sich über Blüchers Persönlichkeit die wegwerfende Ansicht
eines Franzosen, über seine That die ganze Erbitterung eines Lübeckers
ausspricht, fährt er so fort:

„Denken Sie sich indeß, gnädige Frau, den Zustand rathloser Bestürzung in der ganzen Stadt und im Innern einer jeden Familie; den Lärm des Kampfes an den Thoren, die bald hier, bald da platzenden Bomben, die Zahl der Verwundeten und den Anblick des immer reichlicher strömenden Blutes in den Straßen, dabei das Gewoge der hin und her ziehenden Truppenkörper. Die Einwohner, von Schrecken ergriffen, begannen unwillkürlich, soweit sie es gegen die preußischen Jäger, die je zu vieren in die Häuser der einen Straßenseite postirt waren, vermochten, ihre Thüren und Läden zu schließen. Ich begab mich in das Haus meines verehrungswürdigen Freundes, des Bürgermeisters Robde, (das spätere Hotel du Nord) welches an das von mir bewohnte stieß, dessen starke Thür ich hatte wohl verschließen lassen. Herr Robde war auf dem Rathhause in der Rathsversammlung, die lange Zeit Tag und Nacht ununterbrochen forttagte. Frau Robde und ihre drei Kinder waren in großer Angst. Ich beruhigte sie so gut ich konnte und wies sie in eine abgelegene Stube. Mit Hülfe des Gesindes und zweier Arbeiter ließ ich die auf der Hausflur stehenden großen Kübel sammt allen Eimern des Hauses mit Wasser füllen, für den Fall, daß irgendwo Feuer auskäme. Bald darauf wurde das uns nächste Thor, das Burgthor, von dem Corps des Marschalls Bernadotte genommen. Preußen und Franzosen drangen durcheinander in die Stadt. Jetzt begann in der Straße vor unserm Hause ein erbitterter Kampf oder vielmehr ein wahres Gemetzel. Man schoß sich, Aug ins Auge (à brule-pourpoint). Die tiefen Thür-Nischen, die Buden an den Häusern, die Keller, jeder Bodeneinschnitt gewährte den Angreifern wie den Feinden, die sich kämpfend zurückzogen, Verschanzungen, aus denen sie sicher zielten. Einmal war dieses Getümmel schon an uns vorüber gezogen; die Franzosen waren bis zum Mittelpunkt der Stadt vorgedrungen; ein Angriff der preußischen Cavallerie warf sie zurück und ließ dieses schreckliche Schauspiel zum zweiten Male unter unsern Fenstern vorbeitoben. Endlich bekamen wir es sogar zum dritten Male, als die französischen Bataillone mit Gewalt wieder vordringend diese letzte Anstrengung ihrer Feinde zurückstießen. In den übrigen Theilen der Stadt war der Kampf ebenso mörderisch und verlängerte sich noch einige Zeit, bis alles, was an Preußen sich vorfand, todt oder gefangen oder auf der Flucht war. Man schlug sich selbst im Innern der Häuser, wohin unsere Soldaten die preußischen Schützen verfolgten, in den Stuben und gar auf den Dächern. Mehrere Einwohner wurden während des Kampfes getödtet; unter ihnen besonders der ehrwürdige Pastor an der Burgkirche, Stolterfoht, dessen Tod allgemeine Trauer erregt; ein junger interessanter Mann, der mitten in seiner Familie getroffen wurde, und viele andere, drei davon in unserer unmittelbaren Nachbarschaft. Mehrere Flintenkugeln zerschmetterten die Fenster des Saales, wo der versammelte Senat den Ausgang des Kampfes mit Fassung erwartete, und eine derselben von der Wand zurückprallend schlug zu den Füßen des Herrn Rodde nieder. Wie schrecklich war seine und seiner Collegen Lage! Getrennt von dem Theuersten, was sie hatten, ungewiß über das, was in ihren Häusern vorging und gefesselt an ihren Posten durch die Stimme der Pflicht und der Hingebung fürs Vaterland!

Als das Feuer in der Stadt aufgehört hatte und die Franzosen ganz Herren derselben waren, was gegen 3 Uhr eintrat, glaubten sich die wieder beruhigten Einwohner außer aller Gefahr und wünschten sich Glück, so durch die Truppen einer Schutzmacht befreit zu sein. Dies Gefühl war allgemein. Aber wie bitter wurde es getäuscht! Grade jetzt begann in allen Quartieren der unglücklichen Stadt ein Schauspiel der Plünderung und des Mordens, welches bald genug das übereilte Vertrauen in Bestürzung und Verzweiflung verwandelte. Ich theilte die Täuschung meiner Wirthe nicht. Ich war selbst lange genug Soldat gewesen, um zu wissen, welches Schicksal einer im Sturm genommenen Stadt wartet. Eine benachbarte Familie, die ganz in Thränen mit verdoppelten Schlägen an unsere Hausthüre pochten, um gleich im ersten Augenblick hier Zuflucht zu finden, lehrte uns deutlich genug, welcher Behandlung die andern sich zu versehen hätten . . . . . . Mein Entschluß war gefaßt. Ich warf meinen runden Hut fort, nahm einen aufgekrämpten mit der National-Cocarde versehenen dafür, meinen alten Adjutanten-Säbel unter den Arm, meinen blauen Mantel über die Schultern und stellte mich so in der großen Thüre des Hauses auf, dessen schönes Aussehen nur zu sehr die gierigen Blicke der Plünderer und Marodeure auf sich zog, die truppweise durch die Straßen zogen, Thüren und Fenster einschlugen und überall eindrangen. Ich hatte das Glück sie alle fern zu halten von der Schwelle, die

ich entschlossen war zu vertheidigen. Ich nahm gegen sie die Rauhheit meiner alten Soldatensprache wieder an; und mit unbefangener
Miene zu jeder Schaar sprechend, die erschien, sagte ich zu den
einen, ich sei hier aufgestellt als Schutzwache, zu den andern, daß
ich Quartier mache für einen General, der bald eintreffen werde,
.... zu anderen wieder, daß der Gemeinderath hier sei, und
zwanzig ähnliche Ausflüchte. .... Ich danke der Hand von oben,
welche mich in diesen Augenblicken beschützte und meine Maßregeln
gelingen ließ; mit einer Rauferei gegen zwei oder drei, die nicht
gehorchen und mit Gewalt eindringen wollten, mit einem Kolbenstoß
in die Hüfte und mit dem Verlust meines Mantels, der mir im
Handgemenge von den Schultern gezogen und geraubt wurde, kam
ich davon.

Indeß kam die Nacht heran und mit ihr mußte die Unordnung
zunehmen. Die 3 Marschälle hatten sich zur Verfolgung des Feindes
aufgemacht und kamen erst spät, gegen 9 Uhr Abends, zurück.....
Man packte, plünderte oder mißhandelte diejenigen, welche sich in
den Straßen zu zeigen wagten. Ein Senator hatte sich in das
Rathhaus geflüchtet, halb nackt, bleich, bedeckt mit Schlägen, von
denen ihm eine Schwäche geblieben ist, die seinen Abschied nothwendig
gemacht hat. Ein Bote des Senats, mit einem Auftrage ausgesendet,
war gefallen durch einen Bajonnetstich. Herr Rodde, aus dem Senate
zurückgekehrt, kündigte uns an, daß er sich erboten, den Marschall
Bernadotte bei sich aufzunehmen, eine uns sehr willkommene
Nachricht; eine Wache ward, sowie der Marschall selbst angekommen,
an der Thür aufgestellt und löste mich ab..... Er erlaubte mir,
den Titel seines Secretärs zu tragen und seine Autorität überall
wo ich könnte geltend zu machen, um Gewaltthätigkeiten zu verhindern. Diese wohlthätigen Waffen waren mir von großem Nutzen.
Die Nacht des 6. auf den 7. wie auch mehrere der folgenden kam
kein Schlaf in meine Augen. Sowie es bekannt wurde, daß der
Marschall Bernadotte bei Herrn Rodde wohne, war die Thür
belagert von einer hastigen Menge weinender Frauen, blasser, übel
zugerichteter Männer, welche Beistand suchten. Ich folgte aufs
Gerathewohl den ersten, welche mich fortzogen. Ich hatte nicht
genug Ohren noch Stimmen für alle diese Personen, bekannte und
unbekannte, die mich beschworen, mich zogen, mir Kleid (und Herz!)
zerrissen, daß ich ihnen zu Hülfe käme. Welche Nacht! Die meisten

Häuser offen, voll von Lichtern, Lärm, Gehenden und Kommenden, einige geschlossen, aus denen dann wirre Töne und selbst der Knall von Feuerwaffen hervorschallten. So ging ich dahin umgeben von Thränen, unter dem Einschlagen der Thüren, den Rufen der Ver- zweiflung, wildem Heulen, herabgeworfenen Fenstern, zerschmetterten Mobilien, mitten durch sich kreuzende Reiterei und Fußvolk, durch Artillerie und Wagenzüge auf einem kothbedeckten, blutströmenden Pflaster, strauchelnd über Menschen- und Pferdeleichen, mit denen die Straßen besäet waren und auf welche ich einmal fiel, was mich mit einem unaussprechlichen Schauder erfüllte. Ich erhob mich und suchte meinen Hut unter so vielen widerwärtigen Gegenständen wieder zu erfassen, als ich vom Ende der Straße her ein Regiment kommen hörte, welches nach dem Tone seiner Musik marschirte. Diese Militär- Musik, glänzend wie sie war, spielte eine lebhafte und muntere Melodie. Ich kann die so ganz unerwartete, niederschmetternde Wirkung nicht beschreiben, welche diese Musik auf mich machte. Der zerreißende Contrast zwischen diesen Tönen der Freude und den schaurigen Ausbrüchen (lugubres éclats) des Schmerzes schien sich ganz in meinem Innern zu concentriren und drohte es zu vernichten, wie man ein Glas erzittern und zerspringen sieht beim Schalle eines Horns. Ich blieb unbeweglich stehen, ich sah nicht mehr. Als ich wieder zu mir kam, fühlte ich meine Augen feucht; eine meiner Hände war verwickelt in meine Haare, welche sie sich maschinenmäßig bemühte auszureißen; ich konnte nicht mehr und es bedurfte der Anstrengung aller meiner Kräfte, um nicht auf das Pflaster zurück- zufallen, von dem ich eben aufgestanden war. In diesem Zustande entströmten mir die Thränen und ich rief, ohne zu wissen, was ich sagte: „O, sie machen Musik! Die Grausamen! Sie machen Musik!" — Es war, glaube ich, der entsetzlichste Augenblick meines Lebens. —

Franzosen, die in Lübeck wohnhaft waren oder auch nur durch- reisten, wußten mit Festigkeit die Häuser ihrer Wirthe vor drohenden Gefahren zu schützen. Die Generäle, ihre Adjutanten, bemühten sich so viel sie konnten in gleicher Weise. Der tapfere General Maison, Platzcommandant und gegenwärtig Generalstabschef beim 1. Corps, schien sich zu vervielfältigen, um das Unheil zu hemmen. Eine Menge Officiere machten Anstrengungen, die man nicht genug loben kann. Aber sie waren nicht mehr Meister der erhitzten Sol- daten, die sich in einer mit Sturm genommenen Stadt, in der sie ihren Feind gefunden und deren politische Beziehungen sie nicht kannten, alles erlaubt hielten. Mehrere Officiere wurden genöthigt abzulassen, einer von ihnen wurde getödtet, andere mißhandelt und schwer verwundet. — Ein glänzendes Zeugniß muß dem 32. Inf.-Reg., das zum 1. Corps gehört, gegeben werden. Nicht bloß haben seine Soldaten sich des Plünderns enthalten, sondern sie haben sich auch der Plünderung widersetzt überall wo sie sich befanden. Fast alle den Einwohnern gegebenen Schutzwachen waren von diesem wackeren Regiment.*)

Am folgenden Tage, den 7., früh Morgens stiegen der Groß-herzog von Berg und der Fürst von Ponte-Corvo mit allen ihren Generälen zu Pferde, um die Preußen in ihrer letzten Position, 2 Stunden hinter der Stadt jenseit des Fleckens Schwartau zu be-zwingen. 9½ Uhr schickte Blücher an die beiden Fürsten einen Parlamentär; wenig später kam er selbst und die Kapitulation wurde festgestellt. Die Waffenstreckung der Preußen und ihr Vorbeimarsch beschäftigte darauf die Fürsten, die erst um 3 Uhr Nachmittags in die Stadt zurückkamen. Die Lage der Einwohner wurde diesen Abend eine noch traurigere als den vorhergehenden; neue Truppen rückten ein, die noch keinen Theil an der Beute genommen hatten, auch die 20000 (?) gefangenen Preußen ließ man in die Stadt kommen, die schlecht eingeschlossen in den Kirchen und auf den Kirch-höfen, die Nacht und die allgemeine Unordnung benützten, um sich in die benachbarten Häuser zu verbreiten und große Ausschreitungen zu begehen.

Ueberhaupt war diese Plünderung Lübecks von ganz besonderen Umständen begleitet, die sie schlimmer und verderblicher machten, als die irgend einer anderen Stadt.

Die Truppen waren ermüdet durch Gewaltmärsche und einen sehr harten Feldzug in abscheulicher Jahreszeit; der Kampf in Lübeck war sehr mörderisch gewesen, die Soldaten waren erbittert und machten ihrer Erbitterung Luft.

Sodann trafen drei Armeecorps hier zusammen, was nicht bloß ein furchtbares Gedränge, sondern auch bei dem dreifachen Commando eine wahrhafte Anarchie erzeugte, die auf 40000 Mann siegreicher

---

*) Es wäre interessant, den Recrutirungsbezirk dieses Regiments und die Heimath seines Obersten zu kennen.

Soldaten, welche die Stadt als ihre gute Beute ansahen, die unheilvollsten Wirkungen haben mußte.

Dazu kamen die 20000 Preußen, die sich ebenso wie die Franzosen als Fremde in Lübeck betrachteten. Es befanden sich also mehr denn doppelt soviel Soldaten in der unglücklichen Stadt, als Einwohner, Frauen, Kinder, Greise inbegriffen.

Ferner war von Seiten der Stadt, die völlig unvorbereitet von dem unerwarteten Ereigniß so plötzlich überrascht war, nichts geordnet; keine Magazine, kein Brod bei den Bäckern, keine Quartiere für Menschen und Pferde, außerdem hatte man auch keine Erfahrung in solchen Dingen und der Schrecken verhinderte jeden, einen Entschluß zu fassen.

Es war zu der Zeit des Jahres, wo jede Haushaltung ihren Winterbedarf an Mundvorrath und Feuerung schon eingenommen hat; alles dies wurde selbst bei den Aermsten verzehrt und vergeudet in weniger als 8 Tagen.

Die ersten Novembertage sind ein jährlicher Zahlungstermin für Zinsen, Miethen und Capitalien; jeder hatte also in Beuteln oder Rollen bei sich liegen, was er bezahlen sollte oder aber empfangen hatte. Alles wurde auf einmal genommen.

Was die Beute noch unermeßlicher machte, war der Umstand, daß eine große Menge Einwohner, welche Anfangs an keine andere Gefahr, als die des Feuers gedacht hatten, ihre Werthsachen bei sich führten oder mit ihrem Silberzeug in Kassetten aufhäuften; mehrere hielten sich sogar mit allen diesen Schätzen an ihrer Thür auf, um sich besser vor dem eben ausbrechenden Feuer zu retten; alles das wurde vollständig die Beute der Marodeure. Man sah wenige Tage später in einer kleinen hannoverschen Stadt einen Soldaten einen sehr schönen Brillant-Halsschmuck für 3 Louisdor feil bieten. Es giebt Häuser, wo 50000 Fr. in baarem Gelde, andere, wo noch mehr in Kostbarkeiten genommen worden ist.

Der Haupthandel Lübecks ist der mit französischen Weinen und Branntweinen. Da diese Getränke in großer Menge und in guter Qualität vorhanden waren, so glaubten die armen Einwohner die Soldaten nicht besser beruhigen zu können, als wenn sie ihnen reichlich zu trinken gaben. Dieses Gegenmittel vermehrte das Uebel. Die Soldaten, betrunken während aller dieser ersten Tage, überließen sich nur noch größeren Gewaltthätigkeiten.*) Endlich war auch die Verschiedenheit der Sprachen und die Unmöglichkeit sich zu verständigen eine Quelle unheilvoller Mißverständnisse.

Eingeladen schon am 6. in den Senat zu kommen, ging ich den 7. dahin ..... und brachte von nun an einen guten Theil meiner Zeit dort zu, um als Vermittler zwischen Bernadotte und dem Senat der Stadt meine Dankesschuld für ihre lange Gastfreundschaft abzutragen......

Mitten zwischen den Senatoren, auf ihren Sitzen, in ihren Reihen sah ich eine ungestüme Menge von Leuten jeden Standes, selbst Diener, Fuhrleute, Troßknechte der Armee, welche im Tumulte anmaßende Forderungen vorbrachten. Ich sah z. B. einen Koch mit beleidigenden Worten zu einem Bürgermeister sagen, daß er sofort 30 Dutzend frische Austern für seinen Herrn brauche. Ich gestehe, daß ich empört und betrübt war über dieses Schauspiel; ich klagte darüber beim Fürsten, der einen Stabsofficier schickte mit dem Befehl, dort zu bleiben, um dem Senat Respect zu verschaffen.

Indeß blieb die Lage desselben peinlich im höchsten Grade. Die Bedürfnisse dreier großer Armeecorps, ungerechnet die besiegte und gefangene Armee, ungerechnet 10 Hospitäler, welche für die Verwundeten und Kranken beider Parteien errichtet werden mußten, waren ungeheuer. Die Requisitionen folgten sich Schlag auf Schlag und mit französischer Raschheit forderte man, daß der Senat ihnen ohne Aufschub Folge leiste. Nun waren aber die Mittel des Senats in diesen ersten Augenblicken fast gleich Null, er fand sich gelähmt in allen seinen Operationen. Seine Agenten, Beamten, Boten, Soldaten waren meist geflohen oder in ihren Häusern, die man plünderte, oder versteckt oder todt, mit Ausnahme weniger und unter andern des Lübeck'schen Officiercorps, welches sich mit Hingebung benahm, geführt von dem Major Kaufmann, einem ausgezeichneten Manne, der auch gut französisch sprach. War Brod nöthig? die Häuser der Bäcker waren voll Verwirrung; Fourage? weder in der Stadt noch im Stadtgebiete war ein Korn mehr zu finden; Wein? die Soldaten, welche in die besten Keller eindrangen, machten

---

*) Eine Hausfrau gedachte die Wüthenden durch eine wohl besetzte, reich und kostbar ausgestattete Tafel und durch die Einladung: Kommt her, ihr Helden von Austerlitz! zu entwaffnen. Sie kamen, aßen und gingen mit allem Silberzeug davon.

sich ein Vergnügen daraus, die Stücke auslaufen zu lassen;*) Pferde? entweder waren sie schon ihren Eigenthümern genommen, oder man nahm sie in der Straße demjenigen, der sie an den verlangten Ort führte. So war es mit allem, Menschen, Lebensmittel, Geräthe, nichts war zur Hand, nichts an seinem Platze. Dagegen waren die Forderungen gebieterisch, dringend, wiederholt und verdoppelt in erschreckender Weise. Die Einzelheiten der Einquartierung waren erdrückend. Mitten in diesem Wirrwarr hatte der Senat, bekleidet mit den doppelten Functionen einer Gemeindebehörde und einer Staatsregierung, zu berathen über wichtige Gegenstände des öffentlichen Wohls, über eine Deputation an den Kaiser, über große Handelsmaaßregeln, über die Lebensmittel und s. s. Es war wohl um den Kopf zu verlieren und mehr als einer war verloren.

Was Lebensmittel und Futter anbetrifft, so wäre in diesen ersten Tagen gänzlicher Mangel daran eingetreten, wenn der Kronprinz von Dänemark nicht Mitleid mit dem beklagenswerthen Zustande der Stadt gehabt hätte. Er bewilligte gütig einer Deputation, die an ihn geschickt war, die Erlaubniß, Lebensmittel und Futter aus seinem Lande zu ziehen, das indeß keinen großen Ueberfluß daran hatte. Diese edelmüthige Willfährigkeit rettete die Stadt für den Augenblick; denn die beiden andern angrenzenden Länder, Hannover und Mecklenburg waren erschöpft und das kleine Landgebiet von Lübeck war schon verheert und ausgesogen bis nach Travemünde; in den Dörfern ist Blöße und Elend gestiegen auf den Gipfel.

Wir stehen am Abend des 7., dessen Andenken mir besonders gräßlich ist. Die Verwirrung in den Straßen war ebenso groß wie am Abend vorher, die Zerstörung in den Häusern war größer. Kaum erkannte ich die Leute, die mir begegneten, Männer und Frauen glichen Gespenstern. Einige meiner Freunde, die ich besuchte, hatten weder Leinenzeug, noch Kleider, noch Lebensmittel; kein Hausgeräth mehr heil, keine Scheibe in den Fenstern. Hier hatte man geplündert im Namen des Kaisers... „Im Namen des Kaisers!

---

*) Alle Berichte über die französische Einquartierung heben diesen Trieb der Zerstörung hervor. Weizengarben ins Feuer zu werfen, das „liebe" Brod auszuhöhlen, zu verunreinigen und dann auf den Boden zu kollern, war ihr Vergnügen. (Freitag, Bilder aus neuer Zeit 400 nach Schlosser Erlebnisse 129).

gieb mir deine Börse, — deine Uhr, — deine Hemden, — deine Frau!" — Diese Entheiligung des kaiserlichen Namens ist empörend. — „All dein Geld, oder du bist des Todes!" war die gewöhnliche Formel, unterstützt durch ein Gewehr, einen Säbel oder die Mündung einer Pistole. Viele Unglückliche wurden erwürgt, weil sie nicht rasch genug gehorchten, Männer, die Alter oder Character oder Stand ehrwürdig machte, Diener der Religion, wurden geschlagen, geohrfeigt, verwundet, mit Füßen getreten, fortgeschleppt mit dem Strick um den Hals, aufgehängt und fast erdrosselt auf ihrer Flur, wenn man nicht geeilt hätte, sie zu befreien. Ein Greis, ein reicher Weinhändler, Herr Grell, gepackt in seiner Wohnung von diesen Rasenden, gab zunächst alles, was er bei sich hatte. Da sie ohne Zweifel fanden, daß es zu wenig sei, fingen sie an, ihn zu durch= suchen und glaubten um seinen Leib einen geldgefüllten Gürtel zu fühlen; sie entfernten seine Kleider; anstatt eines Gürtels entdeckten sie ein Bruchband; gereizt über ihre Täuschung stößt einer von ihnen dem alten Mann seinen Degen in den Leib; todt fällt er vor den Augen der Seinigen nieder. — Ueberall wo ich ging, hörte ich die Erzählung ähnlicher Scenen. Zuweilen warf man die Eigen= thümer der Häuser aus der Thür, um sich einzuschließen und mit größerer Bequemlichkeit zu plündern. Eine schwangere Frau, die so behandelt war, kam mitten auf der Straße nieder. Man hörte nur Seufzer gemischt mit Rufen und Schreien. Mein Hut indeß verschaffte mir überall Respect; der Zufall will, daß er dieselbe Form hat wie der, den der Kaiser gewöhnlich trägt; und da ich auch die Haare kurz und ungepudert trage, so hörte ich im Vorbeigehen mehrere Male sagen: „Sieh doch, wie dieser ... da dem Kaiser ähnlich sieht." — Einmal begegnete ich einem Soldaten, der ge= trunken zu haben schien und aus der Thür eines ärmlichen Hauses kam. Er war außer sich, schwang seinen bloßen Säbel und rief: „Mein Schuft von Bürger will mir keinen Wein und Braten geben. Ich werde ihm meinen Säbel in den Leib schieben!" — „Du hast Recht, Kamerad, sagte ich zu ihm, plötzlich vor ihm stehen bleibend, schlachte ihn! das ist das rechte Mittel, zu trinken und zu essen zu bekommen; sein Blut mußt du trinken und sein Fleisch essen, man sagt, daß Menschenfleisch vortrefflich ist." — Dieser Mensch, der mich starr betrachtet hatte und zuhörte mit der schwankenden Ruhe eines Trunkenboldes, gleich als wenn ich im Ernste geredet hätte, steckte seinen Säbel in die Scheide und erwiederte indem er Kehrt machte: „O, verd — das will ich nicht sagen." ·

Unter so vielen gräßlichen und tragischen Zufällen kamen auch wunderliche und komische vor. Ein alter Advocat, ein Hagestolz, ein großer, magerer Mann, dem man entweder alle Kleider genommen hatte oder der sich sicherer unter dieser Verkleidung fühlte, warf die Röcke und die Haube seiner Magd um und erschien in diesem Aufzuge, schreckerfüllt, im Rathhause, stürzte sich mitten in die Versammlung und stieß laute Schreie aus; man brauchte lange Zeit, ihn zu erkennen. Ein anderer, bejahrter Mann wurde von Dragonern an den Schweif eines Pferdes gebunden, um ihnen als Wegweiser bis nach Travemünde zu dienen in einer Nacht und bei einem Wetter, die schrecklich waren. Jäger und Husaren habe ich mit seidenen und sammtnen Frauen-Pelzen, mit großen Shawls, mit Blumen und Federn an ihren Mützen, mit Perlenschnüren an ihrem Halse laufen sehen. Ein Mann von der leichten Infanterie hatte einem lutherischen Prediger seinen großen Chorrock von schwarzem Camelot genommen, ihn als einen Regenmantel über seine Uniform gezogen und Degengehenk und Patrontasche darüber geworfen. Der Pastor der Marienkirche, v. d. Hude, war durch Trupps von 20 und 30 Marodeurs fast seiner ganzen Habe beraubt worden. Zwei Soldaten brachten die Nacht in seinem Hause zu, ohne feindselige Absichten zu verrathen. Nur waren sie sehr unverschämt in Betreff ihres Abendessens und ihres Bettes. Am andern Morgen wo sie sehr befriedigt und schon mit Vorräthen beladen erschienen, erklärten sie im Augenblick ihres Fortgehens ihrem Wirthe, daß sie all sein Silber und all seine Kostbarkeiten gebrauchten. Da sie mit Thätlichkeiten drohten, so entschloß sich v. d. Hude, ihnen das wenige zu geben, was er den Abend vorher hatte retten können. Aber nicht zufrieden mit dem, was er darbot, befehlen diese beiden Menschen ihm, seine Tasche auszuleeren. Zögernd zog er eine kleine runde silberne Schachtel daraus hervor, bei deren Anblick alle beide mit Freuden riefen: „Ah! da ist das Kästchen mit Ducaten." — „Nein, antwortete der Pastor, es ist eine Dose, die meiner Kirche angehört und in welcher ich den Kranken das Abendmahl bringe." Mit diesen Worten öffnete er sie und zeigte die darin enthaltenen Oblaten. Bei diesem Anblick baten die erschreckten Soldaten um Verzeihung, knieten, warfen sich nieder und ersuchten ihn um die Erlaubniß, die

4*

Schachtel zu küssen. Endlich verließen sie ihn unter wiederholten Entschuldigungen, aber ohne ihm irgend etwas wieder zu geben....

Ich weiß nicht, wie die Stadt während dieser Tage und Nächte der Unordnung und Zügellosigkeit nicht an allen Ecken in Brand gerathen und zu Asche verwandelt ist. Bei mehreren Häusern, wo ich eintrat, sah ich in den Heuscheuern, in den Ställen Reiter, Fuhr-leute, Diener kommen und gehen mit kurzen Lichtern, die sie ohne Vorsicht hinsetzten, mit brennenden Strohwischen; ebenso in den Zimmern und Hausfluren, die für Menschen oder Pferde mit einem dichten Strohlager gefüllt waren. Ich sah nämlich Pferde in Sälen des Erdgeschosses kostbare Tapeten beschmutzen und ihre Krippe auf einem Marmortisch vor einem Spiegel haben. Freilich brach an mehreren Stellen das Feuer wirklich aus; aber es wurde gelöscht wie durch ein Wunder. Dieser Zufall ereignete sich in einem der Häuser des Bürgermeisters Robbe und hatte keine Folgen. Vor kurzem habe ich noch einen Balken gesehen, der gebrannt hatte und in seiner ganzen Länge verkohlt war, ohne das übrige Gebäude in Flammen zu setzen. In Wahrheit, die Vorsehung hat in diesem Puncte die Stadt unter ihren ganz besonderen Schutz genommen. Das Maaß ihres Unglücks wäre voll gewesen, wenn das Feuer um sich gegriffen hätte, denn niemand hätte daran gedacht zu löschen.

Aber ein Unheil, betrübender als Feuersbrunst, Plünderung und selbst der Tod, weil es eine Verletzung der geheiligtsten Rechte, eine Entweihung des Heiligsten, Süßesten und Reinsten im Leben ist, eine schreiende Vergewaltigung der persönlichen Freiheit, eine rohe Verachtung der ganzen menschlichen Bildung überhaupt, das sind die Beleidigungen, welche einem schwachen Geschlechte angethan sind durch die thierische Wildheit, die keine Zügel mehr kennt. Elende, blutbedeckt, benutzten die Besinnungslosigkeit des Schreckens, um mit ihrer grausigen Lust unglückselige Opfer, halbtodte Frauen, zu ver-giften. Die meisten werden ihre Schändung nicht lange überleben; und die unglücklichen Familien, die Gatten, die Mütter, die Verlobten werden für immer in ihrem Herzen eine nagende Erbitterung behalten, welche sie tödtet.

Vorige Woche hat man ein junges 18jähriges Mädchen zur Erde bestattet, in ihrer Schönheit, Frömmigkeit, Sittsamkeit und Güte einst die Liebe und Freude ihrer Eltern, ihres ganzen Stadt-viertels. Die Frau eines Arbeiters, zwei Tage vorher verheirathet, ist weniger unglücklich gewesen, weil sie weniger lange gelebt hat. Zwei und zwanzig dieser Unmenschen preisgegeben, bemerkten sie endlich, daß sie nicht mehr lebe; sie lag aber nur im Sterben. Das Haus, ich habe es gesehen, liegt bei einem Teiche innerhalb des Walles; dort warfen sie die Unglückliche hinein soweit sie konnten; des seichten Wassers wegen aber blieb sie zwischen dem Schilf im Kothe des Ufers stecken; hier verschied sie nach einigen Stunden.

Erzählt ist mir, daß eine Frau, von Soldaten verfolgt, sich in ihrer Verwirrung von einer Brücke herabgestürzt hat, ihr Kind im Arme. Sie wurde lebend aus dem Wasser hervorgezogen, aber ihr Kind war todt. Die untröstliche Mutter glaubt sich nun des Kindes= mordes schuldig und ist irrsinnig geworden.

Soldaten vom 4. Korps drangen mit Gewalt in das Irrenhaus, das außerhalb der Stadt liegt, und gingen in dieser Art des Wahn= sinns so weit, die hier befindlichen Irren zu mißbrauchen. Zweien dieser Unglücklichen sind gräßliche Spuren davon geblieben, die sie das traurige Glück haben nicht recht genau zu kennen. Diese That= sache ist ohne Zweifel einzig in der Geschichte der Kriege und socialen Barbareien.

Während des Morgens des 7. war ich von einer Erscheinung betroffen worden, die mir einen tiefen Eindruck zurückließ. Ich ging rasch über den Marienkirchhof, ganz nahe beim Rathhause. Ein unglückliches Mädchen stellt sich meinen Augen dar, 24 oder 25 Jahre, wie mir schien, alt, blond und recht groß. Sie war in einer schrecklichen Weise zerzaust; ihr fahles Gesicht hatte jeden Ausdruck verloren, ihre Augen sahen nicht mehr, weinten nicht mehr; aber die Spur zweier Thränenbäche waren auf ihren Wangen zu sehen. Ihr Hals= tuch, unanständig weggerissen, ohne daß sie es wußte, ließ ihren Busen sehen, roth, zerschlagen, gekratzt. Zwei alte Frauen, in Thränen, hielten sie aufrecht bei den Armen und brachten sie vor= wärts, denn sie ging nicht mehr. Ich wagte nicht sie anzureden; was hätte ich erfahren können? — Noch sehe ich diese Unglückliche; nie wird ihr Bild in meinem Gedächtniß verlöschen.

Es sind Schandthaten einer so rohen Ausschweifung vorge= kommen, daß ich Sie Ihnen, gnädige Frau, nicht einmal andeuten mag, Gräuel, die an die Blätter eines nur zu berüchtigten Buches erinnern, das die Schande unserer Sprache ist. Befreundete Aerzte haben mir die furchtbaren Folgen derselben mitgetheilt.

Man spricht auch von einigen Schwangerschaften, die man fürchtet wie den Tod auf dem Schaffot.

Eine Menge junger Mädchen haben diese 3 verhängnißvollen Tage verborgen in entlegenen Kellern zugebracht oder auf den Dächern ihrer Wohnungen. Uebrigens können Sie wohl denken, daß mit Ausnahme einiger zu eclatanter Fälle, das Publicum von dieser Art von Unheil am wenigsten unterrichtet ist und daß man sich bemüht, diese schmerzlichen Geheimnisse im Schooße der Familien verborgen zu halten.

Die Leichtfertigkeit unserer Nation nimmt zuweilen derartige Erzählungen mit einem wenig anständigen Lächeln auf...... In den erbärmlichen Witzen, die man sich in dieser Beziehung erlaubt, liegt ein Unbedacht und eine Unwürdigkeit, die entehrend (avilissantes) sind für das menschliche Geschlecht. Dieses Lachen ist das Lachen der Hölle und ich kann mir nichts sittlich Scheußlicheres denken. Freilich giebt es in den untersten Schichten der Gesellschaft Geschöpfe von so wenig entwickeltem sittlichen Gefühl, daß sie gegen ein derartiges Verbrechen selbst stumpf sein mögen.... Es giebt aber auch Wesen von solcher Bildung des Geistes und Herzens, von solcher Reinheit und Zartheit der Gefühle, daß sie als die rechten Blüthen und Entwicklungen des himmlischen Keimes erscheinen, den Gott in die Menschennatur gelegt hat. Und nun muß eine solche Blume unter dem Gifthauch der Hölle dahinwelken, die Beute der niedrigsten Gemeinheit werden! Die Scheußlichkeit eines solchen Verbrechens ist von allen Völkern erkannt, verabscheut und bestraft worden. Warum ist es das nicht bei uns, die wir uns rühmen, durch unsere Civilisation die Ehre des 19. Jahrhunderts zu sein? Das fünfte Buch Mose verlangt Achtung vor den kriegsgefangenen Frauen; gefällt eine ihrem Herrn, so soll er ihr einen Monat geben, ihre Eltern und ihr Vaterland zu betrauern und dann soll sie seine rechtmäßige Gattin werden. Alexander unterwarf sich nicht nur diesem ewigen Gesetze der Anständigkeit und Sittsamkeit ohne es zu kennen, sondern der Tod traf auch die Macedonier seiner Armee, die sich zu solchen Ausschreitungen hinreißen ließen; einem seiner Generäle schrieb er in einem Brief, den uns Plutarch aufbewahrt hat, sie sollten zwei Schuldige die Todesstrafe leiden lassen, „wie wilde Thiere, geboren, um eine Geißel der Menschheit zu sein." — Die Sikyonier, Herren von Pallene, schonten die Ehre der Frauen nicht;

Aelian, der dies berichtet, ruft aus: „Welche Rohheit! o, ihr Götter Griechenlands! Selbst die Barbaren, soweit ich weiß, billigen solche Gewaltthätigkeiten nicht! Die Strenge der römischen Gesetze in diesem Betreff ist bekannt genug und Scipio verdankt einen Theil seines schönen Ruhmes der Sorgfalt, mit der er sie aufrecht erhielt. „Es ist meine Pflicht und das Interesse Roms, läßt Livius ihn sagen, dasjenige, was überall für heilig erachtet wird, nicht verletzen zu lassen durch uns."

Und dieses schonende Benehmen wurde gegen Feinde geübt! Ich dagegen habe darzustellen versucht, wie man eine neutrale, durch das Wohlwollen des Kaisers geehrte Stadt behandelt hat, eine Stadt freier Bürger, die auf eine theuer bezahlte Unabhängigkeit und bürgerliche Tugenden Werth legt, die sich um die Civilisation des ganzen Nordens verdient gemacht hat. — Ich will weiter keine Betrachtungen hinzufügen; aber mein Herz ist gepeinigt und zusammengepreßt von dem, was ich sah; was ich als Franzose, dem die Ehre Frankreichs theuer ist, der die Menschen liebt, der insbesondere Deutschland liebt und hoch verehrt, was ich an Schmerz und Demüthigung habe leiden müssen, das will ich gnädige Frau, Ihrer Beurtheilung überlassen. —

Doch ich nehme meine Erzählung wieder auf.

Zurückgekehrt von meiner nächtlichen Wanderung durch die Stätten des Gräuels setzte ich mich, unfähig zu schlafen, am frühen Morgen (des 8.) hin, an den Fürsten von Ponte-Corvo folgenden Brief zu schreiben.

„Durchlaucht!" möge es einem Franzosen, den Eure Hoheit eines achtungsvollen und gütigen Entgegenkommens gewürdigt hat, erlaubt sein, seine Stimme zu Ihnen zu erheben, um Sie zu bitten, dem Unglücke einer mit Frankreich befreundeten Stadt ein Ziel zu setzen; einer Stadt, die bis auf diesen Tag wahrhaften Bürgersinn, Religion und gute Sitte hegte, deren friedlicher Gewerbefleiß allen Nationen unentbehrlich ist, insonderheit der unsrigen, deren Handel mit dem Norden sie belebt, und die so wenig das entsetzliche Schicksal verdient hat, das sie getroffen.

Durchlaucht! Die wichtigen Geschäfte, mit denen Sie überhäuft sind, haben vielleicht die kleinen Einzelheiten der Wahrheit nicht bis zu Ihnen dringen lassen. Das Herz Eurer Hoheit ist

allen zarten theilnehmenden Empfindungen offen. Möge dieselbe
dann einen Blick werfen auf das, was in diesen beiden schrecklichen
Tagen in Lübeck und seinem Gebiete vorgeht. Jedes theuerste
Eigenthum an Sachen, Personen und Ehre ist verletzt worden und
wird noch verletzt. Greise, Kinder, Weiber hat man erwürgt,
Staatsbeamte beschimpft, den Bürgern, die man leben ließ, Kleider
und Geld genommen; Gatten haben unter der Mündung der Pistole
ihre Frauen der Zügellosigkeit der Soldaten preisgegeben sehen
müssen; zarte Jungfrauen, die Hoffnung ihrer Familien, erzogen
in Sittsamkeit und Ehre sind unter Todesängsten von ungekannten
Ungeheuern befleckt worden, die sie zu einem Gram verdammt
haben, den sie mitnehmen werden in ihr frühes Grab. Die Ausschweifungen, die in gewissen Quartieren der Stadt, in einigen den
Blicken Eurer Hoheit, der würdigen Führer der Armee entzogenen
Straßen vorgekommen sind, kann ich nicht schildern. Wie groß
wird der Schmerz Eurer Hoheit sein, wenn Sie die ganze Schreck-
lichkeit derselben erfahren wird! Wie groß der Schmerz des Kaisers,
der wollte, daß seine siegreichen Heere befreundete und ergebene
Städte beschützen sollten!

Ich werfe mich daher Euer Hoheit zu Füßen um sie anzuflehn,
nicht, unheilbare Uebel zu heilen, sondern diejenigen zu verhindern,
die noch eintreten können, die jede Minute entstehen sieht. Ich
habe nicht die Anmaßung Ihre Weisheit aufklären zu wollen; aber
ich meine, eine feierliche Proclamation im Namen der drei Marschälle
erlassen, des Inhalts etwa, daß nach gänzlicher Niederlage des
Feindes, nach Wiederherstellung des Friedens auf diesem Gebiete
jede Ausschreitung daselbst auf der Stelle aufhören müßte, würde
gute Wirkung thun. Möge der Schrecken wenigstens für die
Zukunft schwinden, möge die Ehre des französischen Namens mit
der Ordnung wieder erscheinen und mögen so viele Unglückliche
von nun an in Frieden die Bürde des Unglücks tragen dürfen,
das sie getroffen während zweier der schrecklichsten Tage, die in
den Jahrbüchern der neuern Zeit verzeichnet sind. Ich bin . . ."

Das Ergebniß dieses Schrittes war ein Tagesbefehl an das
erste Corps, der eine heilsame Wirkung hatte. Die disciplinarischen
Bestimmungen dieses Befehles wurden freilich nur der Armee des
Fürsten bekannt; aber der dritte Artikel wurde ausgezogen, gedruckt und überall angeschlagen.

Er lautete so:

„Die Einwohner Lübecks und seines Gebiets stehen unter dem Schutze Sr. Majestät des Kaisers und Königs; jeder Soldat, der ihren Frieden stört, begeht ein Verbrechen.

Der Marschall Fürst v. Ponte=Corvo erinnert die Truppen des ersten Corps daran, daß die Stadt Lübeck, obwohl mit Gewalt genommen, nicht wie eine feindliche Stadt betrachtet werden darf und daß jeder französische Soldat, weit entfernt, sich als wilder Sieger zu betrachten, gefühlvoll und menschlich nach dem Siege sein muß.“

Auch der Großherzog von Berg, dem ich nach ähnlicher Schilderung des allgemeinen Unheils eine gleiche Bitte persönlich vortrug, bezeugte mir die größte Theilnahme über das, was er hörte; er versicherte mir, daß diese Härten, unvermeidliche Folgen des Krieges, ihm verhaßt wären und daß er sein Ansehen gebrauchen werde, um ihnen ein Ziel zu setzen.

Von da ging ich zu dem Marschall Soult, der abwesend war und den ich während seines ganzen kurzen Aufenthalts hier nicht treffen konnte.

Der Tag des Sonnabends und die folgende Nacht waren indeß kaum weniger stürmisch und weniger traurig, als die beiden vorhergehenden . . . Trupps von Gefangenen, Heerabtheilungen, die den 6. und 7. im Bivouac zugebracht hatten, kamen in die Stadt, vermehrten die Ueberfüllung und Verwirrung, zerstreuten sich und hielten bei den schon geplünderten Einwohnern noch eine Nachlese. Die Anführer konnten erst am Sonntag, den 9. November, soweit kommen, einige Ordnung herzustellen; und doch war auch dieser Tag eben sowie noch viele der folgenden, Zeuge von mehr als einer That der Gewalt. Die Mittheilungen, welche Landleute, die sich in die Stadt wagten, anfingen zu machen, zerrissen das Herz. Die Mißhandlungen, welche diese armen Leute von den leichten Truppen und von der Cavallerie erfuhren, waren ärger vielleicht, als die Ausschweifungen in der Stadt, wo man wenigstens die Möglichkeit hatte, Hülfe und Schutz zu erlangen. Mehrere Pastoren auf dem Lande hatten besonders gräßlich zu leiden. Ihr Silber, ihr Hausrath, ihre Vorräthe, ihre Frauen, ihre Töchter, nichts ward geschont, Schläge und persönliche Beleidigungen garnicht zu rechnen. Dasselbe geschah in den Häusern der Gärtner und Bleicher, welche vor den Thoren eine Art Vorstädte bilden. Man nahm diesen letztern das Leinen, das man daselbst vorfand, und mehrere Häuser der Stadt verloren auf diese Weise alles, was sie hatten.

Alle diese Verluste jedoch sind noch weit von den ungeheuren Summen entfernt, welche der Stadt die furchtbaren Requisitionen jeder Art für Unterhalt, Nahrung, Kleidung, Transport der Truppen und Munition, die Tafel der Generäle, Officiere, Commissäre ꝛc., die Auslagen für 10 Hospitäler . . . . gekostet haben; diese letzteren, in denen die Verwundeten und Kranken mit der äußersten Sorgfalt behandelt werden, haben gekostet und kosten theils an sich, theils durch die herrschende Vergeudung täglich ungeheure Summen. Außerdem sind eine große Anzahl verwundeter Officiere, Franzosen und Preußen, bei den Einwohnern vertheilt. Den bisher erlittenen Schaden schätze ich nach den mir zugekommenen Mittheilungen auf 12 Millionen Francs noch zu niedrig. Das baare Geld ist er=schöpft. Ein größerer, für eine vom Handel existirende Stadt un=berechenbarer Schaden ist die Beschlagnahme aller Fahrzeuge der drei großen Nationen des baltischen Meeres, mit denen wir im Kriege sind, sammt ihren Ladungen: der Preußen, Russen und Schweden; die Beschlagnahme der englischen Waaren und des englischen Eigenthums, was zu Vergeltungsmaßregeln oder zur Wiederersetzung an die Handeltreibenden dieser Nation führen wird. Hiezu kommt das Sinken des Credits, das Ausbleiben der fremden Geldpöste, die Stockung des Handels, die Unfähigkeit der beiden selbst occupirten Schwesterstädte, Hamburg und Bremen, die be=gonnene Unterstützung fortzusetzen, die Verarmung der arbeitenden Klasse, die Hülflosigkeit der nur auf den Handel Angewiesenen, die Obdachlosigkeit der Armen, da in einer Stunde die Hospitäler der Stadt geräumt, Schwache, Kranke und Sterbende auf die Straße geworfen, in Speichern zusammengedrängt werden mußten. Das ist der Abgrund, in den diese noch so eben friedliche und blühende Stadt gestürzt worden ist.

In diesem Zustand der Erschöpfung, nach so vielen Unbilden legt man der Stadt noch neue Lasten auf. In diesem Augenblick fordert man 15000 Tuchmäntel für die Große Armee. Das macht eine Summe von 16000 Louisd'or. Woher sie nehmen? Ich ge=denke darüber an Herrn Daru, den Oberintendanten, zu schreiben. Er ist ein Mann von Gelehrsamkeit, von Rechtschaffenheit; es ist unmöglich), daß die Darlegung der Thatsachen ihn nicht rühren sollte. Sollten alle Herzen der Menschlichkeit und Gerechtigkeit verschlossen sein?

Ich habe Ihnen, gnädige Frau, erzählt, welche furchtbaren Leiden dieses sanfte und ernste Volk getroffen haben; es wird ein langes und bitteres Andenken daran bewahren, vielleicht für eine Reihe von Geschlechtern. Mehr als 60 Personen jedes Alters und Geschlechts sind bis jetzt zu Grabe getragen, sowohl solche, welche auf dem Platze geblieben, als solche, welche an den Folgen der Schläge, der Mißhandlungen und Gewaltthätigkeiten gestorben sind. Einige sind in Geisteszerrüttung verfallen, andere haben ihre Ge= sundheit unrettbar verloren und werden über kurz oder lang unter= liegen. — „Gestorben an dem, was er am 6. November erlitten," sagen uns noch häufig die langen Sterbelisten der städtischen Anzeigen. Es werden noch auf Jahrzehnte welche daran sterben. Der Schrecken hat die Körper zerrüttet und einen Keim des Todes darin gelassen. Das zarte Leben der Gattinnen, Mütter, der Kinder ist in seinem innersten Kern getroffen. Wenige Familien, die nicht einen Verlust zu beweinen oder zu befürchten haben. Alle fühlenden Herzen sind zerrissen; das meinige ist vergiftet von Gram.

Eine Deputation ist an den Kaiser geschickt worden, um ihm den Schmerz der Stadt zu klagen; er hat sie mit einer wahrhaft väterlichen Güte aufgenommen und ihre Last zu erleichtern ver= sprochen.

Es ist ein fast einstimmiges Gefühl in Deutschland und Frank= reich gewesen, daß der Kaiser etwas thun würde, die Stadt schadlos zu halten.

Diese Entschädigung, und das kann man von der mächtigen Hand erwarten, die auf dem trümmerbedeckten Boden Frankreichs das blühendste Reich hervorgerufen hat, muß seines Ruhmes, seiner Seelengröße würdig, muß größer als der Schade sein.

Die Geschichte, diese unerbittliche Muse, die schweigend die Annalen der Nationen und ihrer Häupter schreibt, versieht das Amt des Berichterstatters in jenem großen Prozeß zwischen den Menschen von heute und der öffentlichen Meinung von morgen. Sie wird sprechen von der grausamen Behandlung, welche gegen eine neutrale und befreundete, mit dem Wohlwollen des Kaisers beehrte Stadt ein französisches Heer geübt hat, das ohne Zweifel tapfer und siegreich war, aber durch eine Verirrung seine Lorbeeren weniger schön (!) gemacht hat. Diese Seite, gnädige Frau, wird strenge, wird schrecklich sein. — Aber auf der andern, ich wage es vorherzusagen, wird man lesen, daß Napoleon der Große, der Gerechte, der Hoch= herzige, die Wunde eines friedlichen Staates geheilt hat, über den er keine Ursache hatte, sich zu beklagen; daß er einer tapfern Armee einen Augenblick des Irrthums verziehen, aber daß er wieder auf= gerichtet hat, was ein schlecht geleiteter Blitzstrahl niederwarf, daß er die schwachen Unterdrückten beschützt, daß er sich dadurch die Segnungen der Zukunft gesichert hat . . . ."

Soweit Villers Brief; so seine Prophezeihung.

Die nächste Seite der Geschichte Lübeks lautet aber ganz anders.

Villers eigene und seines Briefes fernere Schicksale sind für die, welche die Franzosen recht aus dem Grunde kennen lernen wollen, zu charakteristisch, um hier nicht in Kürze angeschlossen zu werden.*)

Villers schickte sein Schreiben, als Handschrift gedruckt, in 4 Exemplaren nach Paris, theilte es auch dem Fürsten Primas, dem Fürsten von Ponte=Corvo und dem Generalintendanten der Armee, dem Grafen Daru mit. Es fand bei den letzteren eine kühle Aufnahme und Bernadotte, dem doch soviel Lob darin gespendet, dem nicht ohne Vermittlung des Verfassers nach der Plünderung von der Stadt Lübeck ein Dankgeschenk (!) von 100 000 Fr. gemacht war, fand sich durch die, wie er meinte, über= triebene Darlegung der Excesse beleidigt, ohne jedoch darum Villers sein Wohlwollen für die Zukunft zu entziehen.

Die Schrift fand indeß durch erneuten Abdruck 1807 zu Amster= dam, sowie durch eine deutsche eben da erschienene und eine hollän= dische Uebersetzung, besonders aber durch die von der Polizei ver= fügte Beschlagnahme derselben zu Paris eine ungemeine Verbreitung. In Lübeck wagte die Censur es nicht, dem Buchhändler Bohn die Ankündigung derselben zu erlauben.

Als im December 1810 die Hansastädte dem Kaiserreich ein= verleibt wurden, und Davoust als General=Gouverneur die Ver= waltung der neuen aus den Hansastädten gebildeten Departements

---

*) Klug Villers Verdienste um Lübeck. Lübeck 1856.

übernahm, ließ er, aufmerksam gemacht auf Villers Schrift, als ein Attentat gegen die Ehre des Kaisers und der großen Armee, den Verfasser am 21. Januar 1811, obwohl er am 6. zum Professor in Göttingen ernannt, also westphälischer Staatsbeamter war, verhaften und seine Papiere mit Beschlag belegen. Da sich in denselben kein Vorwand zu einer gerichtlichen Verfolgung entdecken ließ, so wurde Villers am 20. Februar durch den Escadronschef der Gensdarmerie, Charlot, bedeutet, das Gouvernement des Prinzen und alle durch französische Waffen beherrschte Länder sobald als möglich zu verlassen; der Prinz könne kein Individuum dulden, welches auf eine verleumderische Weise das französische Militär beleidigt habe. —

Am 8. März verließ Villers seine zweite Vaterstadt.

Auch in Göttingen blieb er nicht sicher vor der Willkühr des französischen Generals. Der Nachricht von seiner Verhaftung wegen der Schrift über Lübeks Plünderung, welche der Moniteur aus Berlin gebracht hatte, ließ der Urheber dieser Verhaftung selbst in der Hamburger Neuen Zeitung widersprechen. „Es ist bekannt", lautete die saubere Widerlegung, „daß dieser Mensch sich strafbar gemacht hat durch ausgezeichnete Verleumdungen gegen seine Landsleute; daß er sich in Lübek und in andern Hansastädten ein Ansehn von Wichtigkeit gab; daß er Vergütungen für üble Rathschläge annahm und daß er aus Lübek, woselbst seine unmoralische Lebensart Aufsehn erregte, verwiesen ist. In der That hat man viele Mäßigung bewiesen, indem man einen Mann bloß durch Verachtung strafte, der verdient hätte, für seine Schmähungen und Libelle den Gerichten überliefert zu werden. Man versichert, daß dieser Mensch den Platz eines Professors an einer berühmten Universität erhalten hat. Es ist zu vermuthen, daß man, wenn seine Aufführung bekannt wird, einem solchen Manne nicht länger die Bildung junger Leute anvertrauen werde."

Eine Klage der Universität bei der westphälischen Regierung über die Beleidigung, welche ihr in der Person eines ihrer Mitglieder, „dessen unzweifelhafte Rechtschaffenheit jeder verbürge, der ihn näher kenne" widerfahren sei, hatte nur die Folge, daß Davoust jetzt Villers Auslieferung verlangte und ihn im Weigerungsfalle mit Gewalt wegführen zu wollen drohte. Erst durch eine Reise nach Paris wirkte er sich mit Hülfe der Unter=

stützung des westphälischen Gesandten Sicherheit für sein ferneres Verbleiben in Göttingen aus.

Diese Thatsachen bedürfen, scheint es, nach keiner Seite hin, einer Erläuterung.

Nach bitteren Kränkungen von Seiten der wieder eingetretenen hannoverschen Regierung, geehrt aber durch die Verwendung eines Benjamin Constant, eines Stein, durch den Versuch der Halleschen wie Heidelberger Universität, ihn zu gewinnen, starb er am 26. Februar 1815 im 50. Lebensjahre. Arndt hat von ihm geurtheilt, daß er es verdient hätte, ein Deutscher zu sein. Er selbst meinte, „was er noch in Frankreich machen solle? Die deutsche Cultur, womit er erfüllt sei, mache ihn dort fremder, als 22 Jahre der Abwesenheit.“

„Ohne Falsch und Mißtrauen, liebenswürdig im Umgange, scharfsichtig und geistvoll in seinen Schriften, gerecht gegen jedes Verdienst, wahr bis zur Unbesonnenheit“, hat Villers durch die Würdigung und Anerkennung, die er deutschem Geiste und Charakter zollte und durch seine Schriften, besonders durch seine gekrönte Preisschrift: Essai sur l'esprit et l'influence de la réformation de Luther auch in Frankreich verschaffte, Anspruch auf ein dankbares Andenken in Deutschland.

IV.

An diese Schilderung der Franzosen als Herren eine Musterung des Verhaltens der Deutschen als Diener und Unterthanen zu schließen, ist eine Forderung der Gerechtigkeit und der Selbst= erkenntniß.

So gewiß die Versicherung Göthes ist: „Der Großen Hoch= muth wird sich geben, wenn eure Kriecherei sich giebt“, so unwider= sprechlich tritt die traurige — und die mahnende! — Thatsache hervor, daß die Deutschen in ihrer nationalen Neigung zur Selbst= entäußerung und Selbstwegwerfung einen guten Theil Schuld an ihrer jahrelangen Mißhandlung selbst getragen haben. Sie soll in keiner Weise, obwohl es nicht ohne Nennung von Namen abgehen kann, als eine persönliche und persönlicher Verantwortung zufallende Verschuldung gemeint und aufgefaßt werden, sondern einzig und allein als das, was sie ist, nämlich eine nationale, eine Verschuldung der vorangehenden Geschlechter wie des gerade lebenden, zugleich eine Folge der unglaublichen und unseligen staatlichen Zustände, in die unsere Nation versunken war. Und wenn wir manche der folgenden Thatsachen nicht ohne Entrüstung und Schamröthe lesen können, so ruft der Verfasser sie nur in dem Bewußtsein wieder ins Gedächtniß der Jetztlebenden, daß es unser Fleisch und Blut ist, von dem wir reden und mit der Absicht, daß wir Acht geben, wenn an die deutsche Nation eine ähnliche Versuchung heran= treten sollte, nie gleicher Entwürdigung zu verfallen. Wer sich gewisser Erscheinungen in dem Verhalten gegen die interessanten Gefangenen der großen Nation von 1870 erinnert, kann in dieser Beziehung nicht alle Besorgniß unterdrücken.

Daß die deutsche Nation 1789, und auch noch die nächsten Jahre, der französischen Revolution als der Morgenröthe eines neuen und schönen Zeitalters für die ganze Menschheit zujubelte, ist wohl begreiflich. Bei welchem Volke aber, außer dem deutschen, ist vorgekommen, was 1792 von den Mainzern geschah? Als 1792 Custine dieses Bollwerk des Reiches, wenn nicht mit ihrer Bei= hülfe, so doch zu ihrem großen Jubel, einnahm, brachte er bereits in seinem Secretair, dem bisherigen Professor am evangelischen Gymnasium in Worms, G. Wilh. Böhmer einen Apostel des neufränkischen Evangeliums und Verfechter des Anschlusses an Frankreich mit. In Mainz bildete sich sofort ein Club „der Freunde der Freiheit und Gleichheit", um die Grundsätze der Neu= franken auf Kosten des deutschen Vaterlandes zu pflegen und zu verbreiten. Welchen Dank ihnen Custine wußte, hat er in seiner Vertheidigungsrede vor dem Revolutions=Tribunal bekannt: „Ich hatte durchaus keine Lust in Deutschland gefährliche Eroberungen zu machen; aber kaum hatte ich den Fuß in dieses Land gesetzt, als sämmtliche Narren desselben mich aufsuchten um mir Rath= schläge zu geben." — Im Anfang des Jahres 1793 mußte der Eid auf die Freiheit und Gleichheit freilich schon von vielen „Bürgern" erzwungen werden, aber die „Narren" brachten es doch zur Erklärung einer rheinisch=deutschen Republik, von Bingen bis Landau ausgedehnt, und am 21. März 1793 zu dem Beschlusse, die große französische Schwesterrepublik zu bitten, sie möge geneigen, die rheinisch=deutsche sich einzuverleiben! Als der berühmte Reisende und Professor Joh. Georg Forster zur Ausrichtung einer solchen

Sendung nach Paris ging, fand er für ein so edles Entgegenkommen wenig Verständniß, statt der gedachten Freiheit und Gleichheit aber das Schreckenssystem seiner Blüthe nahe. In äußerem Elend und und innerer Verzweiflung ist er dort am 11. Januar 1794 zu Grunde gegangen.

In Mecklenburg (Neubrandenburg) war (nach Brückner bei Herbst J. H. Voß) 1792 noch alles „fränkisch gesinnt." Als Lilli Türkheim, Göthes einstige Braut, 1794 mit ihrer Familie dem Fallbeil von Straßburg glücklich entgangen, nach Deutschland gekommen war, fand sie zu ihrer großen Verwunderung in den deutschen Städten, wohin sie kam, den Anhang und die Verehrung der Pariser Schreckensmänner unvermindert groß. 1796 waren die Bremer nach Scharnhorsts Urtheil (bei Klippel) noch „sehr eingenommen für den Feind", den sie später besser kennen lernen sollten. 1799 spricht ein bekannter Wortführer der aufgeklärten öffentlichen Meinung in Holstein, Hennings, (im Musageten) die sichere Erwartung aus, daß der „edlere Augustus" nun bald das Glück der Menschheit heraufführen werde. Als dieser „edlere Augustus" 1801 dem Welttheil und zumal Frankreich den Frieden wiedergegeben zu haben schien, ganz Paris in Wonne schwamm und aus dem 10jährigen Elend den Retter gefunden zu haben glaubte,*) da erging sich auch in dem Glanze der Häuserbeleuchtung unter der jubelnden Bevölkerung bis spät in die Nacht erfüllt von gleichem Hochgefühl ein junger Deutscher: Karl Benedict Hase, der es bekanntlich später zum Bibliothekar der großen National-Bibliothek gebracht hat.

Der Friede dauerte kurz oder vielmehr, er kam nie ganz zur Ausführung. Daran hatte ja aber selbstverständlich Bonaparte keine Schuld, so wenig wie 1870 die Franzosen an dem „schrecklichen Jahr"; Pitt, Koburg und ähnliche Störer des Weltfriedens waren die Schuldigen.

1804 geruhte der neue Kaiser seine getreuen deutschen Rheinlande zu besuchen. Seine Reise von Aachen über Köln nach Mainz glich einem Triumphzuge. Die bekannte Dorothea Veit, Moses Mendelssohns Tochter, in zweiter Ehe mit Friederich Schlegel verheirathet, schreibt darüber: „Was du in den Zeitungen lesen

---

*) Treffend sprach dies allgemeine Gefühl ein Bild aus, Diogenes mit der Laterne und der Inschrift: Je l'ai trouvé. Wie eng ist der Menschen Gesichtsfeld!

kannst, ist nur ein Schatten! Nie habe ich solche Feste gesehen. Nirgend in der Welt können sie auch so wohl eingerichtet sein, als wo die katholische Geistlichkeit leitet und präsidiert. Diese allein hat noch Sinn und Geschmack für wahre Ceremonien, für Würde, Pracht und Freiheit. Der Jubel des Volkes war so groß, daß die Kölner Bürger dem Kaiser die Pferde ausspannten und selbst den Wagen zogen. Der Kaiser grüßte mit großer Freund= lichkeit. (!)

Die Schmach von Ulm 1805 hinderte einen Mann wie Wil= helm Voß nicht, nach wie vor „Bonapartist“ zu sein.

Das Jahr 1806 brachte dann die ganze Fäulniß der sittlich nationalen Zustände Deutschlands mit erschreckender Klarheit zu Tage. Die Fürsten Südwest=Deutschlands sagten sich vom Reiche los und brüsteten sich mit der Ehre der französischen Vasallenschaft.

Besondern Jubels waren die „ältesten Söhne der Kirche“ bei ultramontaner Bevölkerung sicher. Die Münsterer, seit 1803 Unter= thanen des wüthend gehaßten Preußens, sahen in den Franzosen die Retter und Befreier. Eine freiwillige Sammlung schaffte die Mittel, um sobald als möglich die preußischen Farben an Schildern, Schlagbäumen, Brücken u. s. w. dem münsterschen Auge zu entziehen. Dem Marschall Loison errichtete man eine Ehrenwache aus Frei= willigen und ein Klub adliger Damen, sonst von schärfster aristo= kratischer Ausschließlichkeit, fand kein Bedenken, den französischen General sammt seiner Dirne bei sich auf zu nehmen.

Kein geringerer als Hegel bezeugt in einem Briefe am Tage vor der Jenaer Schlacht, daß, wie er es schon früher gethan, jetzt alle Welt der französischen Armee Glück wünschte, was ihr auch bei dem ungeheuren Unterschiede ihrer Anführer und der gemeinen Soldaten von ihrem Feinde garnicht fehlen könne. So werde man von diesem Schwall bald befreit werden. Den Kaiser nennt er die „Weltseele“ und als er ihn reiten sieht, hat er „die wunderbare Empfindung, ein solches Individuum zu sehen, das hier auf einen Punkt concentriert, auf einem Pferde sitzend über die Welt über= greift und sie beherrscht.“ ... „Was“ er „immer an Napoleon bewundert“ hat, das ist die Kraft, womit er unerschütterlich fest das Ansehen der Gesetze handhabe und denselben Achtung ver= schaffe.“ (!)

Das Heer Friedrichs des Großen erlag einem einzigen

5

Doppelschlage; der Staat fiel auseinander; Minister, Beamte, Bürger
wetteiferten in Knechtsinn und Unterwürfigkeit. Der Gouverneur
von Berlin, Graf Schulenburg=Kehnert empfahl Ruhe als die
erste Bürgerpflicht, setzte eigenmächtig seinen Schwiegersohn den
Fürsten Hatzfeldt zum Kommandanten ein und ging davon. Hatz=
feldt verbot die Vorräthe von Pulver und Waffen aus Berlin fort=
zuschaffen, um Napoleons Zorn nicht zu reizen. Die Minister,
jeglicher Selbstständigkeit und eigener Verantwortung ungewohnt,
schworen dem Generalintendanten Daru den verlangten Treueid.
Ueber die Art, wie Napoleon bei seinem Einzuge empfangen
wurde, soll dieser selbst seine größte Verwunderung geäußert haben.

Wie der Kommandant von Küstrin sich den Feinden ergab, die
er erst zu Schiff herüber holen mußte, so sandte der 2. Präsident
der Breslauer Regierung Kiekhöfer den Franzosen Lieferungen
entgegen, die sie nicht einmal gefordert hatten; seinen Decreten setzte
er: „Wir Napoleon von Gottes Gnaden . . .“ an die Spitze und
erröthete nicht, dem patriotischen Grafen Götzen in jeder Weise
entgegen zu arbeiten. Ein freilich verächtlicher Schriftsteller, K. Jul.
Lange, der dem König seine Rettung aus tiefem Elend zu danken
und sich beim Ausbruch des Krieges erboten hatte, für den Hof
zu schreiben, steckte jetzt in dem berüchtigten „Telegraphen“ das Panier
des Landesfeindes auf. Am 14. October 1807 feierte er den Jahres=
tag der unheilvollen Niederlage mit der Ausführung, der ganze
Continent müsse sich zur Erniedrigung Preußens Glück wünschen.
Die „Vertrauten Briefe“, die „Feuerbrände“ „wühlten mit wol=
lüstigem Behagen in der Schande des Vaterlandes.“ (M. Lehmann).
Preußische Offiziere erniedrigten sich so weit, in ein Freicorps einzu=
treten, das ein Deutscher (!) Fürst (!) Karl zu Ysenburg für den
Kaiser der Franzosen unter dem französischen Namen: „Erstes In=
fanterie=Regiment Preußen im Dienste Frankreichs“ errichtete. Sie
wurden selbst von den Franzosen verachtet.

Der große Geschichtschreiber Johannes von Müller, ein
wenig würdiger Sohn der freien Schweiz, der bis dahin den Staat
Friedrichs des Großen als ein besonderes Werk der Vorsehung ge=
priesen und den Auftrag, Friedrichs des Einzigen Geschichte zu
schreiben, von Friedrich Wilhelm erhalten, auch tapfer den Krieg
mit gepredigt hatte, wurde von der französischen Verwaltung mit be=
rechneter Gunst behandelt und am 26. October sogar von Napoleon

zu einer Audienz befohlen. „Es war einer der merkwürdigsten
Tage meines Lebens. Durch sein Genie und seine unbefangene Güte
hat er mich erobert . . . Gott hat ihm das Reich,*) die Welt ge=
geben." Warum sollte er nicht „bei der großen Weltumschaffung
mitwirken oder sie doch wenigstens unparteiisch beschreiben?" Dazu
brauchte „man sich ja nur umzudenken"! Das gelang ihm denn
auch so gut, daß er am 29. Januar 1807 in der Akademie nicht
bloß die Rede auf Friedrich den Großen französisch hielt, — Goethe
hat sie ins Deutsche übertragen! — sondern auch dem Schatten seines
Helden zumuthete, der Aehnlichkeit Napoleons mit ihm zu Liebe
sich mit dem Zusammenbruch seiner Schöpfung zu versöhnen.

Im Juli 1807, ein Jahr bevor er Finanzminister wurde,
schreibt Altenstein an Schön: „Diesen werdet Ihr nicht zer=
malmen, war mein Gedanke, als ich ihn betrachtet hatte und die
andern Herren um ihn stehen sah. Er ist von Gott gesandt, die
Schwäche zu zermalmen und die Kraft zu erregen."

Ein Berliner Uhrmacher, erzählt Klöden in seinen überaus
lesenswerthen Jugenderinnerungen (S. 234), hielt nur die Franzosen
für Menschen; die andern, namentlich die Deutschen, seien nur ein
verunglückter Versuch dazu.

Der Abt Henke in Helmstedt, ein allgemein geachteter Mann,
hatte eine Lobrede auf Napoleon gehalten als den berufenen
Herrscher und Erneuerer der Welt, auch nicht verfehlt, sie dem Kaiser
nach Polen zuzuschicken. Er hatte darauf ein schmeichelhaftes Dank=
schreiben erhalten; dies zeigte er 1807 dem durchreisenden Bischof
Eylert als das köstlichste, was er besitze, und küßte es. „Mit der
erträumten Größe der preußischen Monarchie ist es jetzt aus . . .
eine neue Ordnung der Dinge beginnt." (Eylert, Friedrich Wil=
helm III. 1, 228.)

Die Leipziger Universität, eine hervorragende Körperschaft wie
sie war, kam, um ihrer grenzenlosen Bewunderung und Dankbarkeit
nach hergestelltem Frieden und für die so glückliche Wendung des

---

*) Daß in Frankreich der Sklavensinn gegen den Gewaltigen sich schon
früher bis zur Gotteslästerung entehrt hatte, berichtet Frau von Rémusat. Daß
der liebe Gott gut Wetter machte, wenn Napoleon jagen wollte, verstand sich
von selbst. „Bei einem Feste, das die Stadt Paris ihm gab, stand über seinem
Thron in goldenen Buchstaben geschrieben: Ego sum qui sum (Ich bin der
ich bin) und niemand nahm Anstoß daran."

5*

sächsischen Geschicks einen entsprechenden Ausdruck zu geben, auf einen Gedanken von entsprechender Originalität. Sie glaubte den Wohlthäter nur durch ein „ewiges Denkmal am Firmament" würdig verewigen zu können; sie gab einigen Sternen aus der Gruppe des Orion den Namen Napoleons-Sterne. Eine Karte des Stern-bildes mit dem neu eingetragenen Namen Stellae Napoleonis ward angefertigt und sollte dem erhabenen Monarchen bei seiner Durch-reise durch Leipzig von einer zahlreichen Abordnung überreicht werden. Der aber, ahnungslos vielleicht des ihm zugedachten Glückes, war grausam genug, um die Stadt herum zu fahren. So waren die guten Sachsen gezwungen sie nachzuschicken. In einer französischen Denkschrift versuchten sie dem National-Institut die tiefsinnige Symbolik der neuen Benennung auseinander zu setzen. • (Das Jahr 1807, Leipzig. Das Buch enthält auch die Karte.)

Die Casseler empfingen am 10. December 1807 ihr neues Königspaar, den nichtswürdigen Bruder Napoleons, Jérome, und die ihm geopferte vortreffliche württembergische Prinzessin Katharina, mit den überschwänglichsten Ehrenbezeugungen. Junge Mädchen, „ins Gewand der Unschuld" gekleidet, streuten Blumen und trugen französische Gedichte vor. Die Abordnung der Halloren aus Halle machte ausfindig, daß ihnen vor 1000 Jahren Frankreich schon einmal eine große Wohlthat erwiesen, da Karl der Große, König des „Franken"-Reichs, ihr Salzbergwerk ge-gründet. Auch unter den höheren Ständen gab es Leute, welche meinten, es sei doch ganz was anderes, unter dem Scepter eines mächtigen Kaisers und seiner Afterkönige zu stehen. (Reiche, Denk-würdigkeiten I 200.) Ganz ebenso äußerte 1809 der berühmte Arzt Hufeland gegen Gneisenau, es könne ja ganz gleichgültig sein, ob man von einem Franzosen oder Deutschen regiert würde, wenn nur gut.

Zu denen, welche in dieser Zeit in Napoleon den göttlichen Gesandten und ein besonderes Werkzeug der Vorsehung erblickten —, und deren gab es, wie behauptet wurde, eine förmliche Secte — gehörte auch der in Schmalkalden geborene, ursprünglich würtem-bergische Officier, dann preußische Oberst Massenbach). Noch Anfang October hatte er eine Art sittlichen Kriegserklärung an Napoleon fertig, die anfing mit den Worten: Napoleon, ich liebte Dich, und endete mit dem Bekenntniß: Napoleon, ich hasse Dich.

„Dazwischen waren alle Hoffnungen und Erwartungen ausgesprochen, die man anfangs von der Großheit des napoleonischen Charakters hegte, indem man dem außerordentlichen Manne sittlich-menschliche Zwecke unterlegen zu müssen wähnte . . ." (Goethe). Mit Mühe verhinderte Goethe im Interesse Jenas den Druck. Bald genug, nachdem er bei Jena, namentlich aber bei Prenzlau so grelle Proben seiner militärischen Unfähigkeit abgelegt hatte, kehrte er zu seiner ersten Liebe zurück. In dem Wahne, der allein Sehende unter Blinden zu sein, predigte er mit wahrem Fanatismus die Hingabe an Frankreich, als einzige Rettung Preußens.*) Dem Bischof Eylert las er eine Eingabe an den König vor, in der er forderte, daß bei jedem Landescollegium und bei jedem Regiment ein Franzose als Chef angestellt und der Kronprinz theils als Geißel, theils zur Erziehung nach Paris geschickt würde.

Der Geschichtschreiber Prof. Woltmann, „mit dem Namen des französisch Gesinnten belegt, indem er von Vaterlandsliebe voll war", fand (1809 in der Vorrede zur Geschichte des westphälischen Friedens) diejenigen vor allem „unglücklich" und erbarmungswürdig, die das neue französische System nicht begreifen und es nicht fassen und „die wesentliche Deutschheit nicht kennen und nicht lieben."

In dem 1810 erschienenen Buche: Die deutsche Nation und ihre Schicksale, versucht der Frankfurter Nicolaus Vogt von der Höhe des napoleonischen Zeitalters aus die deutsche Vergangenheit zu begreifen und gelangt (S. 430) zu folgenden Schluß-Ergebnissen:

„Drei Dinge müssen einem jeden aufgeklärten deutschen Patrioten über die gegenwärtige Lage von Deutschland" — 1810 also, wo ganz Deutschland von Fremden beherrscht und ausgebeutet wurde, wo das auf 5 Millionen Einwohner herabgebrachte Preußen um sein Dasein rang — „eine frohe Aussicht gewähren."

„Erstens, daß mit der Zerstörung der alten Verfassung auch jene Feudalanarchie und privilegierte Religions-Zwietracht aufhören

---

*) Schon hat sich auch in Schweden der Narr gefunden, der Anfang November 1892 in einer Rede gegen die Heer-Vorlage die germanische Selbstentwürdigung in einem Arbeiter-Verein gepredigt, ein Dr. (phil.?) Knut Wicksell. Die kleinen Staaten müßten sich den großen, Schweden Rußland anschließen, dessen sympathisches und gebildetes Volk hier ganz falsch beurtheilt werde. Geschehe es freiwillig, dann werde Schwedens Nationalität gesichert sein und es werde eine große Mission in dem russischen Zukunftsstaate haben. (!)

muß, welche bisher Deutschland gegen seine eigenen Kinder verhetzte und es zum Spielballen (so!) fremder Mächte machte."

„Zweitens, daß solange der Kaiser Napoleon lebt und der rheinische Bund durch seine siegreichen Waffen geschützt ist, nie wieder ein Krieg das Innere von Deutschland verwüsten werde;" und

„Drittens, daß der Kaiser Napoleon, obwohl Sieger und Herr über den ganzen Süden von Europa, doch jederzeit die National=Unabhängigkeit in allen Friedensschlüssen und Verfassungen anerkannt hat" (!) . . .

„Häupter und Völker der deutschen Nation! Ueber 2000 Jahre habt ihr in Zwist und Uneinigkeit gelebt und eure Drang= sale und Schande selbst herbeigeführt. Küßt daher die Hand, welche euch lehrt einig zu sein, als Gottes Hand. Un= einigkeit war euer Unglück, euer Verbrechen, eure Schande. Einigkeit wird euer Heil sein, wenn sie auch euch geboten wird. Eure Waffen waren das Messer in der Hand eines Kindes, womit ihr euch selbst verwundet habt. Danket daher dem Vater, welcher sie schützend für euch so lange führen wird, bis ihr lernt, sie mit Vernunft zu gebrauchen."

Der Lübecker Actuar Kipp richtete, freilich ohne sich zu nennen, folgende „Worte an Lübeks Bürger beim Ende des Jahres 1810": „Wer kann die tausend Gründe aufzählen, die uns Mit= bürger zu großen Hoffnungen für die Zukunft berechtigen! Laßt uns uns glücklich schätzen, dem Reiche anzugehören, dessen Herrscher stets Sieger in den ihm aufgezwungenen Kriegen, unter dem Ge= tümmel der Waffen alle Segnungen des Friedens zu spenden Willen und Gewalt hat, die Straße über den Simplon bahnt, die Rhone mit dem Rhein, Paris mit Amsterdam in schiffbare Ver= bindung setzt, von Polens Schlachtfeldern aus an der Vollendung eines Gesetzbuches für den Handel arbeitet." . . .

Als der unerschrockene Patriot, Buchhändler Perthes in dem „deutschen Museum" 1809 einen Vereinigungspunkt aller Vater= landsfreunde zu schaffen versuchte, lehnte der erste und größte aller deutschen Schriftsteller Goethe die Mitarbeit ab. Die Zeit sei von der Art, daß er sie immer erst eine Weile vorüber lasse, um zu ihr oder von ihr zu sprechen. Noch 1813, in Körners Hause, sprach er die bezeichnenden Worte: „Rüttelt nur an euren Ketten! Der Mann ist euch zu groß." Die Zeit mit ihren ge=

waltigen Ereignissen quälte ihn; er suchte ihr durch chinesische Studien zu entgehen.

Der Hamburger Correspondent, das amtliche Blatt des Departements der Elb- und Weser-Mündungen, vom 9. Februar 1813 bringt in französischer Sprache folgenden Brief aus Hamburg vom 31. Januar, also mehr als ein Vierteljahr nach der Leipziger Schlacht, als die Verbündeten bereits an der Marne standen.

Sire!

Der Gemeinderath Ihrer „guten Stadt" Hamburg, als Organ aller ihrer Bürger, wünscht die Huldigung ihrer Treue und Ergebenheit an den Stufen des Thrones niederzulegen.

Die Gefühle, welche in Ihrer Hauptstadt einen so edlen Ausdruck gefunden haben, werden getheilt von Ihren getreuen Unterthanen, welche die Ufer der Elbe bewohnen. Sie haben auf der Stelle dem brüderlichen Rufe entsprochen, der durch jene unverletzliche Anhänglichkeit an Ihre geheiligte Person geboten ist, welche Ihre alten und neuen Unterthanen ein gleiches Bedürfniß haben Ihnen auszudrücken.

Sie bitten um die Erlaubniß, 100 Reiter aufzustellen und auszurüsten. Sie bitten Eure Majestät, dieses Anerbieten als ein Pfand ihrer Hingebung huldvoll anzunehmen. Sie sind zu Allem bereit, um zur Aufrechterhaltung der Würde des Reiches und des nationalen Ruhmes beizutragen, dem Sie sie zugesellt haben. (!)

Der Bürgermeister Abendroth, François Dorrmann, Pierre Godefroy, C. Rücker, S. D. Rücker, P. Rücker, Jacob Albers, God. Steenhof (im deutschen Text Georg von de Steenhof), J. H. Goßler, J. D. Luis, P. Keetmann, P. D. H. Reimarus, M. K. Hertz, Gerard de Hostrup, Knowe (Knorre), C. J. Martens, L. A. Prosch (Prösch), Jaques Pins.

Das Beispiel Hamburgs fand weitere Nachahmung. Die Cantons Bergedorf, Wilhelmsburg und Hamm stellten 30, die Stadt Lübeck doch nur 15 Reiter.

Wenn 1813 in Danzig die Baiern nach dem Vertrage von Ried, wo ihr Staat das französische Bündniß bereits verlassen hatte, auf das Anerbieten des Oberbefehlshabers Rapp, den freilich alle Untergebenen hochhielten, sie möchten frei abziehn, antworteten, sie wollten bei ihren Waffenbrüdern ausharren bis ans Ende, wenn 1814 auch die Badener bei der spanischen Armee aushielten, während freilich Frankfurter und Nassauer übergingen, war das Treue oder Knechtssinn oder beides unentwirrbar in= einander gemischt? Aber bei welcher andern Nation der Welt wäre derartiges möglich gewesen?

Wenig Rühmliches und mit großer Uebereinstimmung bezeugen die Zeitgenossen den deutschen Frauen.

Klöden (Jugenderinnerungen 234) schreibt: „Nur ein großer Theil der Frauen schien diese Behutsamkeit ganz aus den Augen zu verlieren und gab sich den Franzosen mit einer Leichtigkeit hin, über welche diese selbst erstaunten. Es war leider nicht bloß der Abschaum des Geschlechtes, sondern auch gar viele, denen man Besseres zugetraut hatte, und das geschah nicht nur in Berlin, sondern verhältnißmäßig noch mehr auf dem Lande. Auch in Märkisch=Friedland hatte sich die Corruption in hohem Grade be= merkbar gemacht."

Der Bürgermeister Francke spricht von derselben Erscheinung in dem unmittelbaren Eindruck der ihm vorliegenden Zeugnisse mit besonderer Erregung: „Und doch war das oft muthlose und wenig würdige Benehmen der städtischen Obrigkeit noch lange nicht das Beschämendste in dieser trostlosen Zeit. Weit, weit schlimmer, ja wahrhaft empörend war das Gebaren eines großen Theiles der weiblichen Bevölkerung den Franzosen gegenüber. In dieser Be= ziehung sind damals in Stralsund Sachen vorgekommen, die aus Unglaubliche grenzen, und zwar gingen die höheren Stände mit dem ehrlosen Beispiel voran. — Doch lassen wir diese traurigen Thatsachen auf sich beruhen." —

Aehnliches berichtet Blech aus Danzig. In „Erfurt unter französischer Oberherrschaft. Deutschland im ersten Jahre der Frei= heit 1814" erzählt ein Ungenannter: „Der Herr Intendant (de Bismes) hielt sich eine Menge Gelegenheitsmacherinnen, die junge, noch un= unterrichtete Mädchen zu seinen höllischen Lüsten vorbereiten und sie ihm zuführen mußten. Und, ehrenvergessen genug, fanden sich sogar Damen von Stande, die sich zu diesem teuflischen Geschäft brauchen ließen..."

In Boyen Denkwürdigkeiten (II, 85) heißt es: „Herbst 1816 suchte der König die während der fremden Ueberziehung Bewährten zu belohnen, die Feigen und die Schmeichler Jeromes durch die Kälte seines Empfanges zu bestrafen.... Ein gleiches Loos traf

einige niedliche Frauen, die, wie man behauptete, aus reinem Kosmo-
politismus sich ein wenig mit den französischen Offizieren einge-
lassen hatten." Eben daselbst S. 5: „In der Mark und in Berlin, wo einzelne Personen oder Gewerbe sogar bedeutend von den
Fremden gewonnen hatten, war der Haß gegen die Franzosen 1809
nicht mehr so heftig (wie in dem durch Schlachten und Kriegsgewalt
stärker mitgenommenen Ostpreußen); „manche Beamtenfrauen hatten
für die Abwesenheit ihrer Männer sich in den Armen dieser Fremdlinge entschädigt, und durch alle dergleichen Dinge waren besonders
in Berlin in den Kreisen der sogenannten gebildeten Welt die Franzosen in mehrfache gesellige Berührung gekommen."

Gneisenau, ein Zeuge von erster Bedeutung, schreibt am
2. Mai 1809 an seine Frau: „Was ich befürchtete, ist eingetroffen.
Die Oestreicher sind am 23. April nach vorhergehenden fünftägigen
Gefechten gänzlich geschlagen und auf das linke Donauufer geworfen.
Wenn nun dort nicht große Köpfe große Mittel verwenden und die
Nation nicht große Anstrengungen macht ... so geräth sie sämmt-
lich in Sklaverei und verdient es. Arme deutsche Nation, die nur
durch ihre Fürsten untergeht! Ihr schlesischen Frauen bekommt dann
Eure alten Freunde wieder zu sehen; denn ableugnen könnt Ihr es
nicht, daß Ihr mit nur sehr wenigen Ausnahmen eine große
Vorliebe für diese Fremdlinge habt und darum Eure weibliche Ehre
aufopfert...."

Als der Oberst Reiche (Denkwürdigkeiten) auf dem Marsche
an den Rhein 1813 auf dem gräflich Hardenbergischen Gute Nörten
unweit Göttingen in Quartier lag, dessen ehemaliger Besitzer Hof-
jägermeister Jeromes und Schwiegervater seines Ministers Le
Camus war, meinten die sehr „liebenswürdigen unbefangenen Com-
tessen Töchter" bei der Abendtafel: Kassel werde fortan ein lang-
weiliger Ort werden; man hätte sich dort gar zu schön amüsiert."
Daß Jeromes Leben und Herrschaft in Cassel sich in dem Spruche
zusammen fassen läßt, mit dem er seine Nächte schloß: „Morgen
wieder lustik"! ist bekannt.

Hätte eine französische Edelfrau an den Festen der Landesfeinde
theilzunehmen über sich gewonnen?

Wo nehmen wir eine nicht zu kleine Gabe echten Mannes- und
Frauenstolzes her?

Beredter zugleich und wahrer hat die tiefen Schattenseiten

— 74 —

deutscher Natur niemand gezeichnet als Görres. Der läßt im rheinischen Courier von 1814 No. 54.*) Napoleon über die Deutschen das folgende genau ebenso wahre wie demüthigende und entehrende Endurtheil fällen:

„Gegen Teutschland hab' ich vor Allem zuerst den Blick gewendet. Ein Volk ohne Vaterland, eine Verfassung ohne Einheit, Fürsten ohne Charakter und Gesinnung, ein Adel ohne Stolz und Kraft, das Alles mußte leichte Beute mir versprechen.... Zwiespalt durfte ich unter ihnen nicht stiften, denn die Einigkeit war aus ihrer Mitte längst gewichen. Nur meine Netze durfte ich den Deutschen stellen und sie liefen mir wie scheues Wild von selbst hinein.

Ihre Ehre hab' ich ihnen genommen und der meinigen sind sie darauf treuherzig nachgelaufen. Untereinander haben sie sich erwürgt und glaubten redlich ihre Pflicht zu thun. Leichtgläubiger ist kein Volk gewesen und thöricht toller kein anderes auf Erden. Aber= glauben haben sie mit mir getrieben und als ich sie unter meinem Fuße zertrat, mit verhaßter Gemüthlichkeit mich als ihren Abgott verehrt. Als ich sie mit Peitschen schlug und ihr Land zum Tummel= platz des ewigen Krieges gemacht hatte, haben ihre Dichter als den Friedensstifter mich besungen."

„Ihr müßiges gelehrtes Volk hat alle seine hohlen Gespinnste in mich hineingetragen und bald als das ewige Schicksal, bald als den Weltbeglücker aus Herzensgrunde, die sichtbar gewordene Idee mich verehrt. Lehrbücher haben sie auf mich gebaut und neue Welt= systeme... Ihre feine Welt, die immer um französische Leichtigkeit gebuhlt, hat an den Stachel meiner Rauhheit so unermüdet... geleckt und die Schärfe mit ihrem Schleim begossen, bis sie ihr als die glatteste Artigkeit erschien. Die Fürsten haben ... meine stolze Haltung angestaunt und das Volk hat mir ein Lebehoch gerufen, wenn es blutend wie ein Wurm sich unter dem Hufe meines Pferdes wand. ... Nichts Schandbares für sie ist vorgegangen, dem sie nicht eine schöne Seite abgewonnen. ... Nachdem ich sie hundertmal betrogen, haben sie mir ihr Köstlichstes in Verwahr gegeben. Nach= dem ich ihnen Teufel und Gift gewesen, haben sie in ihrer Einfalt sogar liebenswürdig mich gefunden."

---

*) Die Proklamation Napoleons an die Völker Europas vor seinem Abzuge auf die Insel Elba" No. 61 ff. gehört nach Form und Inhalt unter die Meisterwerke deutscher Prosa.

... Sich selbst und ihrem Blute haben sie entsagt, um zu ihrem Schimpfe mir zuzuhalten. ... Als ich sie kennen lernte, habe ich sie stets verachtet und als Lakaien sie behandelt. .... Immer haben sie mehr Erbitterung gegen einander als gegen den wahren Feind gezeigt. Affen sind sie seit lange schon gewesen und so haben sie auch meine Größe nachgeäfft. Alle Gränel des Despotismus haben sie mir abgelernt und es doch auch im Bösen nie zu mäßiger Vortrefflichkeit gebracht. ...

Die im vordern Deutschland muß ich über alle loben. Solchen Glauben habe ich über alle Erde nicht gefunden, wie bei diesen ehrlich guten Biedermännern. Als sie einmal ihren Handschlag mir gegeben, haben sie auch auf Tod und Leben bei mir ausgehalten. ... Da sie aus ihrem eigenem Triebe jeden meiner Winke sich zum Gesetz gemacht, glaubten sie, ich müßte wohl ihr vom Himmel gesandter Herrscher sein. Da sie als Geißel Gottes mich erkannten, hielten sie dafür, ihr Rücken sei zugleich für diese mitgeschaffen worden, ...“

Aber, wird man sagen, seitdem sind die Deutschen anders geworden.

Anders sind sie geworden, aber andere nicht. Die Fehler, die im Blute liegen, diesem „gar besonderen Safte“, kommen bei günstiger Gelegenheit immer wieder zum Vorschein. Der Wolf wechselt seine Haare, aber nicht seine Mücken. Die Selbstverehrung der Franzosen, die Selbstverachtung der Deutschen sind auch nach 1813 immer wieder in Wirksamkeit getreten.

In Bezug auf die Ansprache des Oberfeldherrn der Verbündeten an die Stadt Paris 1814 schreibt Chateaubriand (Mémoires VI, 89): Welches großartige Eingeständniß der Ueberlegenheit Frankreichs: „Europa in Waffen vor Euren Mauern wendet sich an Euch.“ Wir, die wir nichts geachtet hatten, wurden geachtet von denen, deren Städte wir verheert hatten und die nun ihrer Seits die stärkeren geworden waren. Wir erschienen ihnen als eine geheiligte Nation, unser Boden erschien wie ein Elis (im alten Griechenland), das der Götter wegen kein Bataillon betreten durfte.

Als Ludwig XVIII., eben durch die Waffen der Verbündeten wieder auf seinen Thron zurückgeführt, die Monarchen zu Gaste hatte, wußte er es möglich zu machen, als erster den Saal zu betreten, und als der aufwartende Lakai den Kaiser von Rußland zuerst bedienen wollte, rief er: à moi, s'il vous plait. Diese Thaten findet Chateaubriand „erhaben.“

Es gewann, zum Theil auch durch die Haltung des eitlen Alexander, den Anschein, als wenn die „Barbaren" um Entschuldigung bäten, der seiner Hauptstadt der Welt soviel Ungelegenheit zu bereiten.

Dank ihrer Kunst der Worte und der persönlichen Selbstdarstellung gewannen die Pariser die Stellung der Herren und drängten ihre Besieger und Helfer in die Unterordnung von Halbgebildeten herab.

„Als ich nun aber die Schonung, die ich wünschte" — so schreibt der Freiwillige von 1813, Professor Steffens, — „in eine Huldigung verwandelt sah, als die siegreichen Fürsten sich selber, als beherrschten sie Barbaren, der Hauptstadt gegenüber stellten, als ich sah, wie diese noch immer als die Hauptstadt der Welt betrachtet wurde, da war es mir, als erblickte ich Attila vor Rom; da ergriff mich eine tiefe Wehmuth, die sich bis zum Ingrimm steigerte. Ich sah es, wie unsere Stärke eben in ihrem heiligsten Urgrunde verletzt wurde, deßhalb auch gelähmt erschien und sich in knechtische Unterwerfung verkehrte. Hätten die Pariser dies früher auch nur geahnt, sie hätten Recht gehabt, als sie uns jubelnd empfingen. Wie fern lag uns noch der wahre Sieg!"

Dann folgte die Gegenbewegung des „Teutschthums." Aber durch ihre eigene Maßlosigkeit gerieth sie bald wieder ins Stocken und in Mißachtung, um, zumal seit 1830, einer neuen Gallomanie zu weichen. Wilhelm Hauff schrieb in dem „Bilde des Kaisers"— das König in seiner Literaturgeschichte eine „kleine Perle von bleibendem Werthe" nennt! — eine Verherrlichung des Kaiser-Cultus. Der württembergische Staatsmann Lindner errichtete dem Kaiser in seinem Garten ein Denkmal mit der Inschrift: L'Europe le déplore, l'Asie l'adore, l'Afrique le regrette. Friedrich Oetker mußte 1830 auf dem Gymnasium von Rinteln eine Ode auf die Eroberung Algiers machen. Der ganze südwestdeutsche Liberalismus beruhte zum großen Theil auf französischer Einfuhr. Bis zur Stunde ist unsre Roman- und Theaterliteratur im Wesentlichen eine mehr oder minder freie Nachbildung der französischen. Viele unsrer Tagesblätter leben von französischen Stoffen. Welche französische Zeitung hätte es gewagt, ja auch nur den Gedanken gefaßt, den 250jährigen oder auch 150jährigen Geburts- oder Todestag eines deutschen Dichters zu feiern? In einer freisinnigen Zeitung — ich nenne sie nicht, weil ihre Schwestern um nichts feinfühliger sind — las man am 21. December 1889 einen Aufsatz zum Andenken Racines. Obwohl derselbe, von einem Rumänen, Jolticeanu, verfaßt, nichts enthielt als einen Auszug aus dem Conversations-Lexikon, durfte er ja nicht nachgedruckt werden! Noch mehr. Welches französische Blatt hätte es fertig gebracht und über sich gewonnen, etwa 1888 den Todestag des großen Kurfürsten zu feiern deshalb, weil „durch ihn Preußen begann die große Rolle zu spielen, welche es noch jetzt inne hat." Ein deutsches Blatt denkt sich bei solchem Thun Arges nicht. Die Nummer desselben Blattes vom 1. August 1889 brachte ein langes „Gedenkblatt an den 1. August 1589." Für wen? Für Heinrich IV! Und warum? „Durch ihn begann Frankreich die große Rolle zu spielen, welche es bis auf den heutigen Tag im Concert (so!) der Großmächte inne hat." — „Nachdruck verboten." (!) Hat sich der junge Rochefort wegen einer mehrbegehrten Buhlerin erschossen, hat die „männliche Hälfte" des „lieblichen Enkelpaars" von Victor Hugo sich durch Schuldenmachen hervorgethan, hat eine Luise Michel — jetzt Gottlob verschollen — Frau Adam oder der neue Peter von Amiens, Déroulède, einen neuen Narrenstreich gemacht, ist irgend eine Versammlung vom Reden zum Schimpfen, vom Schimpfen zum Durchbläuen übergegangen und mit einer allgemeinen Keilerei geschlossen, flugs sind hundert deutsche Scheeren bereit, den kostbaren Fund auszuschneiden und der Welt, die ihre Augen auf Frankreich gerichtet hält, getreulich zu übermitteln. Ist das Weltbürgerthum oder ist es nationaler Stumpfsinn? Selbst unsre geschichtlichen Darstellungen sind zum Theil noch immer von französischen Auffassungen beherrscht. Beitzke in seiner Geschichte des Feldzuges von 1815 ist völlig in französischen Ansichten befangen. Die echt napoleonische Anklage Grouchys, dessen Verbrechen darin bestand, daß er in der entscheidenden Stunde nicht zugleich 3 Meilen vom Schlachtfelde, wohin Napoleon selbst ihn gesandt, und auch bei Waterloo sein konnte, wo er ihn wünschte, eine von jenen Anschwärzungen seiner Generäle, die den Meister weiß waschen sollen, obwohl selbst von französischen Schriftstellern in ihrer Nichtigkeit nachgewiesen, wird von dem Gymnasialdirector Hasper in seiner Auswahl Beranger'scher Lieder getreulich wiederholt. Als Louis Napoleon die Helena-Medaille stiftete, drängten sich die deutschen Veteranen der rheinbündischen Armee ebenso eifrig heran wie die Franzosen selbst.

Die „Lebenserinnerungen und Amtserfahrungen" des vieljährigen Leiters der preußischen Gymnasien, Wiese, welche niemand ohne Genuß und Nutzen lesen kann, enthalten folgende bemerkenswerthe Mittheilungen (I, 252): „Unter den mehreren höheren Erziehungs= anstalten für Töchter des Adels oder derjenigen bürgerlichen Kreise, die ihm nacheifern, ist das Münchener Stift am großartigsten ein= gerichtet, in jeder Hinsicht eine wahrhaft königliche Stiftung; für alle Bedürfnisse ist mit reichen Mitteln in musterhafter Weise ge= sorgt. Vorbild ist die Erziehungsanstalt zu St. Denis in Frankreich gewesen und so ist auch das Französische vorherrschend im Hause, nicht nur in den Bezeichnungen der Räume (z. B. Lingerie, In= firmerie u. s. w.), sondern ebenso im persönlichen Verkehr; auch das Tischgebet ist französisch. . . . Auch in Stuttgart und Mannheim wird viel Gewicht auf das Französische gelegt."

Mit der französischen Sprache ist auch „das System von Frank= reich herübergenommen, durch Medaillen und Preise auf den Fleiß und den Ehrtrieb einzuwirken. Als ich mein Bedenken der Dame, welche mich herumführte, offen aussprach, erhielt ich zur Antwort: man sei bei ihnen andrer Meinung und mit Recht; denn für jedes Gute, das der Mensch thue, müsse er doch eine Belohnung haben." (!)

Wer kann solcher Fälschung von Sprache und Gesinnung im deutschen Vaterlande ohne Schmerz und Sorge zusehen? Deutsche Edel= frauen werden angeleitet, sich der Muttersprache zu schämen und zu ent= äußern, selbst in dem heiligsten Verkehr mit dem Höchsten! Sollten solche Mütter dem deutschen Vaterlande je einen deutschen Adel, angeblich die „Edelsten der Nation" erziehen? Warum mögen denn wohl die Fräulein von St. Denis nicht auch deutsch oder englisch sprechen mit ihrem Gott? Denkwürdig, daß das Haupt des gelehrten Unterrichts in Preußen nicht ein Wort des Bedauerns gehabt hat für diese Verzerrung einer nationalen Erziehung. Für „alle Bedürf= nisse" und zwar für die wichtigsten, scheint mir, sorgt sie nicht.

Ein so entschiedener Patriot wie Prinz Friedrich Karl erließ 1864 für ein Gefecht wie das von Missunde einen Corps= befehl, in dem das napoleonische Prahlwort il vous suffira de dire: j'étais à Austerlitz, pourqu'on vous réponde: voilà un brave! ins Deutsche übersetzt war: Es wird genügen zu sagen: ich bin ein Kanonier von Missunde, um die Antwort im Vaterlande zu hören: siehe da, ein Tapferer!"

— 79 —

Als 1870 die französischen Gefangenen die deutschen Städte
überschwemmten, hatten die Zeitungen uns mehr als einmal von Vor=
gängen zu berichten, die nur allzu sehr an bedauerliche Thatsachen
weiblicher Wegwerfung aus der Zeit der Franzosen=Herrschaft er=
innerten.

Nach der ersten Anregung durch die Schweiz berief vor einigen
Jahren der deutsche Kaiser die Regierungen Europas zu einem
Congreß über Arbeiterschutz=Gesetzgebung nach Berlin. Oeffentliche
Blätter Frankreichs äußerten Zweifel, ob es mit der französischen
Ehre vereinbar wäre, einem solchen Rufe in die Hauptstadt der
Barbaren zu folgen. Indeß sich auszuschließen, schien noch weniger
thunlich: Frankreich marschierte ja immer noch an der Spitze der
Civilisation und Humanität war ja sein ganz besonderes Fach. Sie
kamen. Und wie begegnete man ihnen? Jules Simon erzählt:
„wir", die Franzosen, „waren ein wenig das verhätschelte Kind des
Congresses." Es giebt eben immer noch Thoren in Deutschland, die
der Meinung sind, man könne die Franzosen mit Liebkosungen und
Schweifwedeln gewinnen. Und doch hatte das schon Manteuffel
im Elsaß mit dem traurigsten Erfolge versucht.

Dann kam der Congreß der Aerzte. Auch hier hatten die
Franzosen doch nicht über sich vermocht zu fehlen. Wieder die alte
unwürdige und weggeworfene Liebedienerei wie immer! Nicht unsern
Verbündeten, Östreichern und Italienern, nicht unsern Stammver=
wandten, den Schweden, Norwegern, Dänen, Holländern, — die
wir große Ursache hätten, uns näher zu bringen, — galten die Auf=
merksamkeiten und Liebesbetheuerungen der Wirthe, sondern unsern
gebornen und geschwornen Feinden! Zum wohlverdienten Dank
erzählte der Pariser Hospitalarzt Charrin daheim, die Aufnahme,
die sie gefunden, wäre fast „zu gut" gewesen. Allen französischen
Reden und Rathschlägen habe man Beifall geklatscht „ohne Prüfung
oder Erörterung," wie auf ein Losungswort, bei gelegener wie
ungelegener Zeit hätten die Deutschen ihre freundschaftlichen Gefühle
gezeigt, beim Worte „französische Republik" sei man in begeisterten
Beifall ausgebrochen, allenthalben hätten die Franzosen die Ehren=
plätze erhalten u. s. w. Mag etwas hiervon auf Rechnung der
französischen Eitelkeit kommen, es bleibt noch genug übrig, um zu
zeigen, daß auch die Deutschen von 1889 und 1890 noch immer
die vertrauensseligen — Bewunderer eines hochbegabten, aber für

uns um so gefährlicheren Volkes sind, wie sie es 1789 und zur Zeit des „Sonnenkönigs" waren.

Und was war der Dank der Franzosen? Von der großen Kunstausstellung in Berlin blieben sie, mit wenigen Ausnahmen, hochmüthig fern, eingeschüchtert durch das Geschrei von „ganz Paris". Das Wagniß eines hohen Besuches führte dicht bis an einen Ausbruch gallischer Wuth. Da war in deutschen Zeitungen, namentlich freisinnigen, zu lesen: Aber die Kaiserin Friedrich sei ja mit aller Rücksicht behandelt. Die Thorheiten von einigen hundert Schreiern dürfe man doch die Nation nicht entgelten lassen. Gewiß! Die beschleunigte Abreise der hohen Frau hat den Parisern eine neue Probe, wie viele Narren dazu gehören, um sie toll zu machen, erspart. Die Deutschen konnten aber, wenn sie wollten, wieder einmal lernen, was würdelose Gunstbewerbung erntet. Sie erntet, was sie verdient: Verachtung!

Wir werden uns an den Gedanken gewöhnen müssen, daß wir auf die Liebe unserer Nachbarn zu verzichten haben. Nie werden sie uns verzeihen, daß sie uns haben einmal fürchten müssen. Möchten wir es zu dem Grade der Selbstachtung bringen, um mit Ge= lassenheit sagen zu können: „Oderint dum metuant." Mögen sie uns hassen, wenn sie uns nur fürchten.

Nach langem Sehnen, nach schmerzlichem Ringen, nach schweren Opfern haben wir endlich, endlich ein deutsches Reich!

Drei großen Mächten, von gleich unersättlicher Herrschsucht, ist es ein Dorn im Auge, ein Pfahl im Fleische, eine unerträgliche Schranke ihrer unverhohlenen Eroberungs=Gedanken.

Und wir könnten es über Herz und Gewissen bringen, ein volles Fünftel der Stärke, die uns Gott zu unsrem Schutze verliehen hat, brach liegen zu lassen?

War es von der freisinnigen Vereinigung recht gehandelt und wohl gethan, mit ihrer Herzensmeinung erst da heraus zu rücken, als es zu spät war? Was hinderte denn so manchen sonst recht fertigen Sprecher, die Nation über ihre wahren Gesinnungen nicht im Zweifel zu lassen und offen zu bekennen, was sie jetzt erst thun: wir haben uns von der Nothwendigkeit der Heerver= stärkung überzeugt?

Und jetzt, ist es auch nur logisch, ist es nicht ein Widerspruch zwischen Urtheil und Willen zu sagen: Die Nothwendigkeit der

Rüstung haben wir erkannt, aber in dem und dem Falle rüsten wir uns doch nicht?

„Seit 3 Wochen", sagt die Revue des deux mondes vom 1. Juni, „hält ganz Europa die Augen unverwandt auf Deutschland gerichtet (fixés)." — Bekanntlich geschieht so etwas sonst nur Frankreich! —

Was interessiert denn „Europa" so sehr an uns?

Zu erfahren, ob wir uns entschließen können, unser Dasein über die Form desselben zu stellen, ob wir den Ernst unserer Lage zu erkennen im Stande, ob wir Willens sind, für unser Dasein den letzten Tropfen unseres Blutes einzusetzen.

In dem Falle muß „Europa" seine Hoffnungen — vertagen.

Möchte ein guter Geist über unsern neuen Reichstag kommen!

Berichte im October 1813.

Wir haben alle schwer gesündigt,
Wir mangeln allesammt an Ruhm;
Man hat, o Herr! uns (wohl?) verkündigt
Der Freiheit Evangelium,
Wir aber hatten uns entmündigt,
Das Salz der Erde wurde dumm.
So Fürst als Bürger, so der Adel,
Hier ist nicht einer ohne Tadel.

Wir haben an der bunten Wange
Der alten Babel uns berauscht,
Und ihrem frechen Lustgesange
Mit keuschem teutschen Ohr gelauscht;
Die Kraft zerrann uns vor dem Klange,
Im Taumel haben wir vertauscht
Mit edlem (eklem?) Rothwelsch der Garonne
Die Sprache Teuts, der Helden Wonne.

Da kamen über uns gezogen
Die Schmach, die Gräuel ohne Zahl,
Wir bauten mit am Siegesbogen,
Wir saßen mit beim Götzenmahl.
Die nie das freie Haupt gebogen,
Die Männer stolz und rein wie Stahl,
Sie webten selbst am Sclavenbande,
Sie prunkten mit dem Joch der Schande.

*   *   *

Du hast uns, Herr! der Schuld entladen,
Der Schmach entlud uns unser Schwert!
O fließ uns ferner Born der Gnaden,
Wir sammeln uns um freien Heerd.
Wir bergen tief in heil'gen Laden
Die Bundesworte fromm und werth,
„Der junge Bund voll Lust und Ehren,
„Der graue Bund soll ewig währen!"

Max von Schenkendorf

Druckfehler.

Seite 11 statt Ludwig XV lies XIV.
  „   37   „   1813/14 lies 1813.

Druck von A. F. Jensen, Kiel.